CRISTIANA OLIVEIRA
VERSÕES DE UMA VIDA

*Como o resgate da autoestima e o fim da busca por aceitação
me tornaram mais forte e feliz aos quase 60 anos.*

COM
LARISSA MOLINA

LETRAMENTO

Copyright © 2022 by Editora Letramento

Diretor Editorial | **Gustavo Abreu**
Diretor Administrativo | **Júnior Gaudereto**
Diretor Financeiro | **Cláudio Macedo**
Logística | **Vinícius Santiago**
Comunicação e Marketing | **Giulia Staar**
Assistente de Marketing | **Carol Pires**
Assistente Editorial | **Matteos Moreno e Sarah Júlia Guerra**
Revisão | **Daniel R. Aurelio [Barn Editorial]**
Diagramação | **Luís Otávio Ferreira**
Capa | **Gustavo Zeferino**
Foto Capa | **Jonathan Giuliani**
Produção | **Ronaldo Gomes**
Make e Cabelo | **Max Weber**
Fotos Miolo | **Arquivo Pessoal**

Todos os direitos reservados. Não é permitida a reprodução d
esta obra sem aprovação do Grupo Editorial Letramento.

Dados Internacionais de Catalogação na Publicação (CIP) de acordo com ISBD

O48c	Oliveira, Cristiana
	Cristiana Oliveira – versões de uma vida / Cristiana Oliveira, Larissa Molina. - Belo Horizonte, MG : Letramento, 2022.
	160 p. : il. ; 14cm x 21cm.
	ISBN: 978-65-5932-185-8
	1. Autobiografia. 2. Cristiana Oliveira. I. Molina, Larissa. II. Título.
2022-1261	CDD 920 CDU 929

Elaborado por Vagner Rodolfo da Silva - CRB-8/9410

Índice para catálogo sistemático:
1. Autobiografia 920
2. Autobiografia 929

GRUPO ED. LETRAMENTO

Rua Magnólia, 1086 | Bairro Caiçara
Belo Horizonte, Minas Gerais | CEP 30770-020
Telefone 31 3327-5771

editoraletramento.com.br • contato@editoraletramento.com.br • editoracasadodireito.com

Às minhas filhas, Rafaella e Antônia; ao meu neto, Miguel, e meus pais Oscar e Eugênia que já foram junto de meus irmãos Lúcia, Bia e Victor; e aos que estão por aí, Irene, Maria Elisa, Maria Eugênia, Inez e Oscar. Também ao meu amor Sergio Bianco, e aos amigos de verdade que me acompanharam por toda vida e que posso, sem querer, não ter citado neste livro, mas que estão sempre no meu coração.

PREFÁCIO
— 7

1 A RASPA DO TACHO
— 11

2 DE BAILARINA A HIPOPÓTAMO
— 19

3 DE MALA E CUIA
— 31

4 FOI REALMENTE O ACASO
— 45

5 JUMA OLIVEIRA
— 55

6 NUA NA JAMAICA
— 65

7 DE TATIANA TARANTINO A HOLLYWOOD
— 79

8 VICIADA EM MALHAÇÃO
— 91

9 NA PRISÃO COM CRISTIANA OLIVEIRA
— 105

10 LIBEROU GERAL
— 113

11 AS SEMIJOIAS E O BIRKEN QUE ME APAIXONEI
— 123

12 VOU LÁ E VOU ARRASAR… SQN!
— 137

FOTOS
— 151

PREFÁCIO

Sete anos atrás, enquanto lia o livro *A bela velhice*, da antropóloga brasileira Mirian Goldenberg, eu me perguntei como estava vivendo os meus 50 anos. Um dos trechos da obra chamou realmente a minha atenção e me fez matutar a respeito dos meus conceitos, da minha realidade e até dos sentimentos que eu tinha na época: "A Coroa Poderosa não se preocupa com rugas, celulites, quilos a mais. Ela está se divertindo com tudo que conquistou com a maturidade: liberdade, segurança, charme, sucesso, reconhecimentos, respeito, independência e muito mais". Poderosa ainda não sou — e nem era —, mas coroa, sim. Por isso, a cada palavra lida, mais sentia que aquilo mexia comigo.

Bem-humorada, a autora ainda comentou que, ao invés de corresponder às expectativas das outras pessoas, a Coroa Poderosa deseja ser nada mais, nada menos, do que *ela mesma*, inclusive sem receio de mostrar o seu corpo, pois ela não tem medo do olhar masculino ou do olhar feminino. Definitivamente, ela não está em busca de aprovação.

No entanto, especialmente mulheres que têm a mesma profissão que a minha ficam à mercê do olhar e da aprovação do outro, tanto em relação ao aspecto físico quanto à maneira que interpretam suas personagens. Querem aplausos e, portanto, aceitação, e se isso não acontece, logo se sentem frustradas; gostam de se sentirem bem ao fazer seu trabalho, querem elogios, que comentem sobre sua atuação e de como estão bonitas e jovens. Com a maturidade que meus quase 60 anos trouxeram, hoje relaxo e não deixo essas coisas me atingirem mais.

Antes, até mesmo uma simples tarde de sol à beira-mar poderia ser um problema pra mim. Eu não queria, em hipótese alguma, deixar de curtir uma praia, mas confesso que preferia as desertas, sem os quiosques em que os funcionários ligavam para seus amigos fotógrafos para flagrarem meu bumbum pra cima em uma posição quase ginecológica. Seria péssimo se a lente da câmera não mostrasse uma barriga chapada, mas sim celulites e um biquíni pequeno e indecente demais pra minha idade — mesmo que estivesse com ele só pra conseguir um bronze louvável.

Eu ria de mim mesma e pensava que outra opção seria ir à praia de burca ou, então, tipo roupa de *black bloc*; assim eu mostraria meu corpo, mas esconderia a cara... Ou ainda fazer o tipo chique: usar minhas aulas de etiqueta para que meu corpo ficasse alinhado, parecendo bem mais magro. Poderia também ficar toda ereta como uma bailarina que acabou de sair da aula... Ah que saco! Prefiro mesmo é seguir o exemplo da Coroa Poderosa.

Por tudo isso é que o livro *A bela velhice* me fez pensar ainda mais sobre o tempo que passei diante do espelho avaliando cada curva do meu corpo, pensando em soluções que me tornassem a mulher perfeita, exatamente naqueles moldes expostos pela mídia. E quantas pessoas andam fazendo isso por aí... No passado, olhava para meu reflexo e me perguntava se, depois de todo sacrifício a favor da beleza, estava com uma aparência mais jovem.

— Não, minha cara, você está com a sua idade mesmo, nem um dia a menos — é o que eu respondia para mim mesma.

Os minutos perdidos em frente ao espelho, geralmente com um tubo de creme rejuvenescedor nas mãos, poderiam ter sido os mais preciosos da minha vida se, simplesmente, eu os trocasse por algo que me inspirasse, que me fizesse mais feliz, como dar uma volta de bicicleta, fazer uma aula de dança de salão, praticar mergulho, conversar com uma amiga, ou qualquer outra coisa que me trouxesse bem-estar interior. Faça essa experiência, cuide-se melhor de dentro para fora e veja se os resultados não serão mais eficazes. Dê essa chance a si mesmo, transgrida às vezes, até meta o pé na jaca se for preciso.

O culto à juventude e à beleza feminina tem durado gerações. O que vemos é um padrão que define a "mulher bonita", quando, na verdade, nós trazemos características físicas totalmente diferentes umas das outras, principalmente se observarmos a sociedade brasileira que se formou a partir da mistura de tantas raças.

No século 14, por exemplo, período conhecido na História como Renascentismo, a mulher que estivesse um pouco acima do peso, com seios grandes e quadris largos, era valorizada; e assim foi até o final do século 18. Já no século 20, admirava-se a mulher que conquistasse medidas bem parecidas entre o quadril, a cintura e os seios e, ao final dos anos 1980 e início dos anos 1990, as mulheres altas, magras e com seus seios enormes é que faziam sucesso.

Hoje o que vemos é uma nova mudança: existe uma veneração pelas mulheres que são exageradamente magras, muitas vezes com medidas longe de serem saudáveis. Sem contar que se manter "jovem" passou a ser considerado virtude, algo cobrado até mesmo das mais velhas. Essa exigência disfarçada — chamo assim porque ela não é imposta, mas *exposta* pelos meios de comunicação, seja pela televisão, revistas, redes sociais, ou outras mídias —, massacra as mulheres e, com ainda mais intensidade, aquelas que escolheram seguir a carreira artística.

É por isso que, com este livro, quero mostrar, a partir da minha própria história, como temos os mesmos desafios e inseguranças; como a perda da autoestima, o medo de uma gordurinha e a busca pela aceitação que vivemos em alguma época da vida nos une; como somos exatamente iguais, lutando para encontrar o nosso lugar no mundo.

Vou contar como sempre estive acostumada a agradar o outro em todos os sentidos e a fazer do olhar externo a grande avaliação do meu caráter. Foi assim que me perdi entre quem eu era e quem me transformei pela aprovação do outro. Acabei sendo neurótica, viciada em malhação, só comia sashimi de salmão e palmito. Ah! Às vezes um franguinho com alface... Que tédio! O corpo? Incrível! Eu era magra, delineada, seca, o próprio "pó da rabiola", como dizem. Era feliz? Não mesmo. Vivia cansada, irritada, mal-humorada, reclamava de tudo. Que dó daqueles que eram meus amigos naquele tempo...

O que quero é despertar centenas de leitores e chamá-los para o resgate da autoestima. É isso que tenho feito em minhas palestras, é isso que quero fazer através da minha história. Vou compartilhar minhas experiências para que as cenas da minha vida real tragam reflexão sobre nós mesmos, e também para provar como é possível se libertar da insana busca pela aceitação e prezar por uma vida mais leve. É hora de chutar o pau da barraca!

"Bora" conhecer esta personagem de carne e osso — hoje, diga-se de passagem, com mais carne do que osso, graças a Deus.

Boa leitura.

I
A RASPA DO TACHO

—

— Vou processar o papa por não admitir método anticoncepcional! — A fala não é minha, mas merece estar no início deste capítulo. O comentário foi escrito no diário da minha mãe, a Eugênia Barbosa da Silva de Oliveira.

Essa mulher guerreira gerou nove filhos, sete mulheres e dois homens: a primeira a nascer foi Irene, depois veio o Victor, a Maria Elisa, a Lúcia, a Maria Eugênia, a Inêz, a Beatriz e o Oscar. Eu fui a última dessa lista, a "raspa do tacho", tanto que entre mim e Irene, a mais velha de todos, existe uma diferença de quase 24 anos.

Quando cito minha mãe como uma guerreira, não é pra menos. Ela trouxe ao mundo todos os filhos por parto normal e sem anestesia, o que significa enfrentar essa experiência por *nove* vezes. Meu pai contava que ela fazia tanto esforço a ponto de suar sangue. Por sorte — ou sabe-se lá o quê — todos os nascimentos aconteceram em hospitais, sendo assim, eu nasci no dia 15 de dezembro, em 1963, na Casa de Saúde São José, no bairro Botafogo do Rio de Janeiro-RJ.

Na época, minha mãe tinha 43 anos e estava grávida ao mesmo tempo que a minha irmã mais velha, Irene, estava. Elas deram à luz em dias diferentes, então, meu sobrinho João nasceu quatro dias antes de mim, em 11 de dezembro de 1963, nos Estados Unidos, pois minha irmã morava em Chicago. A coincidência me fez nascer já sendo tia.

Bom, obviamente, eu vim de surpresa, porque eles nunca planejaram quando — e quantos — filhos teriam. Aliás, se isso aconteceu, foi só no começo do casamento. Minha mãe não usava método contraceptivo porque isso significava ir contra as regras da Igreja Católica, o resultado disso só poderia ser ter um filho atrás do outro. Às vezes ela nem queria, mas quando se dava conta, bum! Já estava com a barriga crescendo.

Minha mãe sempre foi muito religiosa. Desde criança ela ia à missa todos os domingos com a família: os pais, seis irmãs e três irmãos, sendo um por parte do pai que, viúvo, casou-se de novo. Ela nasceu no dia 4 de junho de 1920 e foi criada em uma fazenda na cidade de Curvelo, em Minas Gerais. Ali recebeu uma educação bem comum para aquela geração: as mulheres eram ensinadas a se casar e ser uma boa mãe. Esse acabou se tornando o sonho de Eugênia também.

E ela foi uma supermãe, daquelas sempre presente... bem... até o quinto filho, porque a partir daí ela começou a se cansar e decidiu contratar uma babá, a Sebastiana, uma mulher negra e baixinha, norte-rio-grandense da cidade de Caicó, que sabia muito bem como ser rígida em nossa educação. Ela era considerada da nossa família, tinha seu próprio quarto e morou com a gente por muito tempo.

A Sebastiana foi um apoio importantíssimo pra minha mãe que precisava dar conta de tantos filhos, até porque, em 1965, meu pai era chefe dos Escoteiros do Brasil e presidente da Vale do Rio Doce, por isso viajava o mundo inteiro representando essas instituições e, em todas as viagens, ele fazia questão de levar minha mãe com ele.

Eu era uma bebê de 60 dias quando precisaram me deixar pela primeira vez para viajarem por quatro meses, por isso, fui criada mais pela babá e pelos meus irmãos, principalmente pelo Victor, mas isso nunca me causou nenhuma carência em relação à atenção que recebia dos meus pais, se bem que, talvez, por esse motivo, desde muito cedo, eu me sentisse uma pessoa independente. Aos 12 anos, já trabalhava em uma floricultura perto de casa, porque não queria pedir dinheiro à minha mãe para o lanche da escola.

Eugênia era bonita, mas acho que por ter sido mãe de nove filhos, envelheceu mais rápido que meu pai. Devia ter sido linda quando moça, mas a lembrança que tenho dela, desde meus 10 anos, é de uma mulher que já era velha; eu a via como uma "senhora" aos 53 anos. Só que ela sempre se preocupou bastante com a beleza, tanto que, aos 70, fez plástica no rosto para parecer mais jovem.

Muito vaidosa ao se cuidar, ela me ensinou desde pequena a limpar a minha pele, porque sempre usava hidratantes no rosto. Todos os dias aparecia maquiada, com batom, o cabelinho arrumado com laquê... Seu estilo era clássico, usava roupas de acordo com a época, mas discreta. O engraçado é que ela já acordava bonita, e eu o inverso disso, não por ser descuidada, mas por gostar da beleza natural. Por isso ela vivia me dizendo:

— Minha filha, você tem que se cuidar mais, vai pentear esse cabelo, passar um batonzinho na boca...

Só que nunca fui o tipo de mulher que precisa estar impecável, sem nenhum fio de cabelo solto. Confesso que mudei um pouco quando fiquei mais velha, porque aí a gente fica o "ó" e precisa de um corretivo, um rímel...

Eugênia era uma mãe muito amorosa, mas tinha algumas opiniões que nunca concordei e achava até atrasadas demais pra época. Apesar que, tudo tinha a ver com a educação recebida dos pais na década de 1920 e 1930, já que naquele tempo a sociedade tinha uma visão diferente da que se tem hoje. Bom, a verdade é que, infelizmente, Eugênia tinha alguns preconceitos.

Se eu e meus irmãos conhecíamos alguém, ela queria logo saber todas as informações sobre essa pessoa, de que família era, o sobrenome...

— Diga-me com quem andas que direi quem tu és. — Era o que a gente ouvia.

Se ela não aprovasse, não gostava que a pessoa frequentasse a nossa casa. Eu sempre rejeitei muito esse ponto de vista, pois, desde criança, gostava de todos por igual e a questionava:

— Qual a diferença entre a cor da minha pele e a do outro, mãe? Do rico e do pobre? Pra mim, todo mundo é igual.

Esse meu lado defensor também aparecia quando eu não entendia o porquê de nossos funcionários não se sentarem com a gente durante as refeições. No entanto, apesar dessas opiniões que eu não concordava em nada, ela nunca destratou ninguém, pois como meu pai, a minha mãe sempre valorizou a generosidade, a boa índole, a honestidade, a integridade e a lealdade.

Os conselhos que ela me dava eram uma pista do que sonhava pra mim: que eu seguisse os mesmos passos que ela.

— Minha filha, o importante é você completar o segundo grau (Ensino Médio), depois, se você não quiser fazer faculdade, tudo bem — dizia.

Para Eugênia, o principal era eu me casar com um homem que me sustentasse, fosse uma boa mãe, soubesse educar os filhos e cuidar muito bem de uma casa. Era uma educação conservadora e machista, valores que às vezes vejo enraizados em mim, como quando julgo normal meu desejo de deixar a mesa pronta para quando meu marido chegar em casa, e ainda esperar por ele cheirosinha, toda arrumada. Parece que escuto ela dizer:

— Minha filha, você sempre tem que estar bonita para o seu marido, recebê-lo bem e nunca se estressar.

Quando me vejo agindo dessa forma, hoje me pergunto:

— Espera aí, você está fazendo isso pra quem? Pra ele? Pra você? Ou por costume?

Se eu chegar à conclusão de que é porque *eu* estou a fim disso, ok, eu faço; do contrário, deixo de lado.

Depois de perdemos minha irmã Lúcia, que morreu em 1995 de hepatite C, a Eugênia foi ficando mais depressiva e, conforme ficava mais velha, também se tornava mais sentimental e grudada aos filhos. Infelizmente, em seus últimos anos de vida ela teve demência frontal, uma doença que comprometeu sua memória.

Ela se esquecia de coisas recentes, mas se lembrava de outras muito antigas; conversava comigo como se eu estivesse montando o enxoval para o meu primeiro casamento que tinha acontecido há mais de 20 anos. Falava com toda certeza do mundo que a gente precisava viajar para comprar bons cobertores que a cena acabava sendo até engraçada.

Aos 87 anos, no dia 27 de abril de 2008, Eugênia partiu por complicações cardíacas. Antes disso, precisou colocar sete pontes no coração, não de safena, porque como tinha tido inúmeras varizes ao longo da vida — óbvio, né, depois de *ter tido nove filhos* —, não poderia mais enxertar da mesma veia; mas ficou boa e ainda viveu muitos anos depois disso.

Quando ela estava internada no Centro de Terapia Intensiva (CTI), meus irmãos e eu revezávamos para visitá-la e, em seu último dia de vida, por coincidência, só eu estaria livre para ir ao hospital. Cheguei sem saber que seriam suas últimas horas, e a encontrei bem fraquinha.

Fazia dias que ela estava sedada, mas senti vontade de agradecê-la por tudo que tinha feito por mim, pela minha educação, pela construção do meu caráter, pela minha vida. Disse que, apesar de ter sido a caçula, e por ela estar mais cansada na vez de me criar, isso nunca foi um problema pra mim porque eu era apaixonada por ela, portanto, se fosse o momento de sua partida, que se sentisse em paz, pois, católica, ela sempre foi muito temente a Deus.

Foi nesse momento que os sinais vitais começaram a diminuir. Chamei os médicos e eles me informaram que em questão de poucas horas ela partiria... Eugênia morreu comigo estando do lado dela, e o mais curioso disso tudo é que quando nasci, ela tinha 43 anos, a mesma idade que eu tinha quando ela nos deixou.

Precisei providenciar sozinha todos os detalhes do funeral com cremação, e naquele momento falei para mim mesma:

— Se até hoje você tinha alguma dúvida, de que mesmo sendo para sempre a caçula, agora você é uma mulher adulta e precisa ter responsabilidades, essa dúvida você não precisa ter mais.

Ela me faz falta até hoje, mas posso dizer que, enquanto pude, curti a sua presença, mesmo doentinha; sempre ficava grudada nela, abraçada mesmo, sem me importar se ela não era tão pegajosa quanto eu, amando-a demais e aproveitando sempre do seu carinho.

Meu pai, o Oscar de Oliveira, era meu ídolo, o meu exemplo de homem. Falar a respeito dele é contar sobre um homem maravilhoso. Carioca, nasceu no dia 25 de janeiro de 1916 e, até mesmo com seus 95 anos, ainda era um galã de olhos azuis, elegante e perfumado. Lembro-me, como se fosse hoje, de seu cabelo cheio de gel, arrumado para trás.

Ele se formou engenheiro mecânico, era centrado, culto e inteligente pra caramba. Eu o chamava de Enciclopédia Ambulante porque ele sabia de tudo, e me ensinava muitas coisas, inclusive, sempre que podia me ajudava com as lições de casa. Durante nossos almoços e jantares, conversava sobre política, educação e a respeito dos últimos acontecimentos do país.

Meu pai não era tão amoroso quanto minha mãe; se me chamasse de "Cristiana" eu já saía correndo, porque sabia que levaria uns bons tapas na bunda. Ele nos dava uma educação bem rígida, mas, apesar do medo absurdo que sentia dele, eu sabia que tudo era preocupação em tornar, a mim e aos meus irmãos, pessoas de valor.

Sinto muito amor por ele, muito amor mesmo. Sua rigidez não me deixou nenhuma lembrança ruim, pelo contrário, ela me ensinou que limites existem. O resultado disso, graças a Deus, foi a criação de filhos que se tornaram pessoas íntegras e que nunca pisaram em ninguém para alcançar sucesso na vida.

Agora, o sonho do meu pai para o meu futuro era um pouco diferente daquele da minha mãe. Ele queria que meus irmãos e eu tivéssemos uma profissão "decente" — como se dizia naquele tempo —, fossemos advogados, médicos ou engenheiros. Também gostaria que me casasse com alguém de valor, capaz de me sustentar, mas, acima de tudo, ele me aconselhava a ter uma profissão caso um dia eu quisesse trabalhar. O que minha mãe e meu pai realmente queriam, de uma forma ou de outra, é que seus filhos fossem felizes e tomassem um bom rumo na vida.

Por conta do sucesso profissional do meu pai, éramos uma família de classe média alta; nunca passamos necessidade ou precisamos pagar aluguel, a gente tinha o que precisasse, mas sem exagero, até porque meu pai sempre nos incentivou a economizar. Era uma vida tranquila, mas não cheia de luxo.

Oscar conquistava cada centavo honestamente — coloco minha mão no fogo pra falar sobre isso porque ele sempre foi meu maior exemplo de idoneidade — e se preocupava em investir bem nosso dinheiro, assim, além de terrenos, também comprou um sítio em Petrópolis-RJ, e nós morávamos em uma casa de 350 metros quadrados em Ipanema, na rua Joana Angélica, na altura do número 162, perto da rua Redentor e da praia. Nunca vou me esquecer do endereço... Era uma casa linda, bem espaçosa com seus quatro quartos.

Meus pais se casaram em 5 de junho de 1939, menos de um ano depois de terem sido apresentados um ao outro pelo meu tio Afrânio, irmão da minha mãe. O noivo estava no auge dos 22 anos e a noiva, dos 18. Os dois sempre foram muito conectados, até velhinhos gostavam de assistir televisão juntos, ou ficar ouvindo músicas da década de 1950, cada um em sua cadeira, de mãos dadas. Viveram quase 70 anos juntos e se separaram só na morte.

Nos últimos anos de vida, Oscar teve mal de Alzheimer em estágio avançado. Ao contrário de muitas pessoas que se tornam agressivas a partir da demência, ele voltou a ser doce como uma criança, o que era bem diferente da personalidade que eu estava acostumada a ver em um homem pragmático como ele.

No dia do falecimento da minha mãe, ele perguntou:

— Cadê a Genoca? — Era como ele costumava chamá-la.

Eu e meus irmãos nos olhamos e dissemos:

— Ela não está mais aqui, pai.

— É claro que está, ela acabou de passar na minha frente.

Apesar de não haver explicação racional para isso, e talvez até ser resultado da demência, acredito que minha mãe estava ali, despedindo-se dele em espírito, porque os dois foram cúmplices por toda a vida, tanto que ele partiu cinco anos depois dela, no dia 14 de março de 2013.

Recebi a notícia pela Marió, minha irmã Maria Eugênia, que estava na casa dele, acompanhada por enfermeiros.

— Papai acabou de dar o último suspiro — ela me contou ao me ligar no aniversário de um amigo de adolescência. Fui a primeira pessoa da família que ela procurou. Imediatamente corri para me despedir dele, fiz uma oração, como sempre faço, e também o agradeci por tudo que ele tinha feito por mim.

Esse casal sempre foi um grande exemplo de amor pra mim, nunca brigaram em minha frente e, se tinham uma relação conturbada, então eram muito discretos, porque, sinceramente, sempre foram a minha referência de cumplicidade, amizade e harmonia. Só de vez em quando que eu via minha mãe, como ela dizia, "dando um 'pito' em meu pai", chamando a atenção dele por algum motivo, mas ainda assim, era tudo feito com muito cuidado. Por isso, a lembrança que tenho deles é a mais linda e blindada possível. Eles nunca deixaram de ser meu modelo de educação e segurança.

Ainda que tenha sido tudo diferente na minha vida amorosa, sempre tentei encontrar um homem parecido com meu pai, mas só o descobri quando fiz 55 anos. Hoje estou casada com Sérgio Bianco, meu companheirão, esse sim meus pais teriam muito orgulho de conhecer, é o homem que quero levar pra vida toda. Talvez eu tenha demorado demais para encontrá-lo...

Eu não realizei os sonhos da minha mãe, pois, embora quisesse um casamento duradouro, não o conquistei até que a minha idade de "Coroa Poderosa" chegasse; já a fama, alcancei cedo em minha vida, assim como a independência pessoal e a financeira.

O destino me colocou num patamar que, de acordo com as crenças dos meus pais, deveria pertencer à figura masculina, porque assumi o papel de provedora de uma casa sem deixar essa função pra qualquer homem da minha vida, até porque, quando me separei do meu primeiro marido, o fotógrafo André Wanderley, eu já tinha a minha filha Rafaella com 3 anos, e precisava criá-la de um jeito ou de outro.

Sendo assim, fui o oposto do que meu pai e, principalmente, minha mãe, desejaram pra mim, e pelas próximas páginas você vai descobrir como tudo isso aconteceu.

2
DE BAILARINA A HIPOPÓTAMO

Numa bela casa de Ipanema, a garotinha Cristiana Oliveira quase que se escondia debaixo dos lençóis de uma bicama. Sua alergia nunca foi motivo para tirarem os tapetes que enfeitavam o quarto sobre o piso de madeira. Por uma pequena abertura da porta-balcão, um fio de luz entrava no cômodo de móveis embutidos. Do lado de fora, tinha uma deliciosa varanda, a única entre os quatro quartos da casa e que servia à Cristiana, muitas vezes, como um refúgio, pois ela adorava o barulho dos carros que passavam na rua. Porém, naquele dia preguiçoso, Eugênia, ao lado da filha, parecia muito preocupada enquanto olhava para o termômetro. Aquela menina que sempre foi muito saudável, estava com febre alta. Qual mãe deixaria uma criança ir para a escola naquela situação? O melhor a fazer era deixar a menina descansar naquele quarto tão confortável...

A cena que abre este capítulo parece de novela... e praticamente era. Ela realmente aconteceu na minha vida, mas tudo não passava de uma encenação. Eu só queria arrumar um jeito de não ir à escola, então, sem que ninguém percebesse, peguei um termômetro e o esquentei na chama do fogão. Consegui que ele marcasse mais de 38 graus e convenci minha mãe de que eu estava com febre.

Por mais que meus pais dissessem que eu precisava ser sincera, eu mentia à beça na infância, porque, sinal — ou não — do meu talento como atriz, eu vivia em meu próprio País das Maravilhas, inventando milhões de histórias para conseguir o que queria, fosse para ter um pouco de dengo da minha mãe quando ela voltava das viagens com meu pai, ou qualquer outra coisa.

Fazia isso tão bem que chegava a pensar que minhas patacoadas eram verdade e, quando eu contava para as pessoas, elas acreditavam na minha mentira também. Tanto que, uma vez, meu irmão Victor, que infelizmente nos deixou no dia 22 de janeiro de 2018 depois de um câncer no esôfago, comentou numa reunião em família:

— Sempre soube que ela seria atriz! Inventava cada história quando criança que era impossível não acreditar...

Talvez tenha sido realmente essa habilidade, de viajar na imaginação, que me fez feliz sobre o palco e, depois, atrás das câmeras. Desde pequena, eu já amava fazer teatro na escola. Com 10 ou 11 anos, vivi minha primeira atuação ao interpretar a personagem Wendy Darling do clássico *Peter Pan*, e me apaixonei pela experiência logo "de cara".

Em meu mundo da fantasia, sonhava em ser uma princesa e entrar nos contos da Cinderela ou da Bela Adormecida. Era muito romântica, mas ao mesmo tempo tinha um lado independente, o mesmo que me fez fugir para outra versão da *princesinha* quando fiquei mais velha, pois nunca fui a "princesa do maridinho", mas sempre acreditei que um dia seria "feliz para sempre" como em todas as histórias da Disney.

Já no palco da vida real, fui uma criança espevitada, enérgica. Eu gostava de brincar na rua Redentor, aquela que ficava perto da minha casa, e era pouco movimentada na época. Andava de patins, de skate, e jogava bola com a criançada. Pulava amarelinha, corda, gostava de quebra-cabeças, lego e histórias em quadrinhos. Até hoje não levo jeito com desenhos, mas gostava de pintar, fosse com giz de cera ou tinta guache. Quando não, estava correndo pelo meu quintal e ouvindo os latidos do nosso cão de guarda, um pastor alemão que meu pai comprou para ajudar na segurança da nossa casa, principalmente depois de alguns assaltos que aconteceram durante a noite.

Brinquedos tive poucos, mas guardo em minhas lembranças as bonecas que ganhei, como a Susi, a Daisy, e uma para maquiar que era a minha preferida. Amava penteá-la e roubava maquiagem da minha mãe para as *makes*. Quando me cansava de fazer penteados em cabeleiras artificiais, corria trançar os cabelões das minhas primas. Por coincidência ou destino, hoje tenho minha própria empresa de cosméticos. Sobre essa conquista na vida adulta, mal sabia a garotinha Krika...

E falando sobre ela... Krika é meu apelido desde que me conheço por gente, ganhei assim que nasci. Minha mãe gostava de me chamar de "Krikota", uma forma mais carinhosa. Só depois de adulta que me explicaram o real significado: quer dizer "chata", mas o que soube depois foi ainda mais engraçado. Em Portugal, "crica", palavra que tem a mesma pronuncia do meu apelido, é usada pra nomear o órgão sexual feminino... Sim, ela mesma, a velha vagina.

Essa Krika, como toda criança, tinha medo de escuro e corria de qualquer lugar que dissessem ter alma penada. De jeito nenhum eu participava daquela tal brincadeira do copo para conversar com espíritos, e não podia assistir a nenhum filme de terror que depois não dormia à noite.

Certa vez resolvi dar uma chance ao filme *Tubarão*, do diretor Steven Spielberg, lançado em 1975, que contava a história de um tubarão sanguinário à solta em uma praia turística. Depois de muita pipoca e vários sustos, nem mais em piscina eu nadava, porque tinha a sensação de que um tubarão morderia minha perna e me puxaria pra baixo.

Aos 4 anos, eu caminhava todos os dias até o colégio Notre Dame, que ficava perto de casa, para cursar meu primeiro ano escolar, sempre com minha lancheira nos ombros que mais parecia uma lata dura e quadrada, com uma alcinha de plástico. Minha mãe fazia questão de ela mesma preparar os lanchinhos que eu levava, pois de jeito nenhum Eugênia me tornaria uma fiel cliente da cantina do colégio, já que essa era uma das lições de meu pai de como economizar.

Se tem uma lembrança que me marcou bastante, foi justamente a agradável sensação que tinha todas as vezes que abria minha lancheira, porque encontrava uma merenda muito bem organizada dentro dela. De um lado ficava uma pequena garrafa térmica com suco de uva ou de laranja — a gente só via a "cor" dos refrigerantes aos finais de semana —, e de outro, uma bolacha *cream cracker* recheada com queijo minas, manteiga ou margarina, enroladinha em um guardanapo de papel. Eu adorava ver tudo bem arrumado, com cada coisa em seu lugar. E quando lançaram as lancheiras de plástico, logo pedi uma pra minha mãe.

Confesso que sempre fui uma péssima aluna, era desatenta e me sentava no fundo da classe. Só quando realmente me interessava pela matéria, precisasse melhorar minha nota, ou o professor fosse muito bom, é que me sentava na frente, mas isso era por pouco tempo, porque eu não gostava de chamar atenção na sala de aula.

Nunca consegui estudar em escolas públicas, já que, naquele tempo, era preciso prestar exame para entrar. Eu realmente não estudava, tinha muita dificuldade de memorização — aliás, minha memória *ainda* é um horror — e só conseguia entender aquilo que me interessasse. Hoje isso tem nome, é Transtorno do Déficit de Atenção com Hiperatividade (TDAH). Tanto que, juro, não consigo nem me lembrar do nome das minhas melhores amigas de infância, e tive várias.

Eu devo ter um interesse *absurdo* na interpretação das minhas personagens, pois só isso explicaria como decoro tantas páginas para uma única cena. Brincadeiras à parte, depois de 30 anos de profissão, aprendi a treinar o meu cérebro. Primeiro entendo todo o universo que envolve a personagem, para só depois decorar as falas.

Em algumas matérias eu me dava bem, como Português, Inglês e História; mas o mesmo não acontecia com Matemática e Física. Em organização, conseguia me destacar. Meu estojo estava sempre arrumado e, meu caderno, colorido, gostava da minha letrinha e mudava as cores na hora de escrever: usava caneta vermelha, preta, azul... Na verdade, amo canetas até hoje, tenho uma coleção delas.

Dentro do colégio Notre Dame existe uma igreja católica que eu frequentava aos domingos com meus pais. Ali celebramos a Missa de Sétimo Dia da minha mãe, em 2008, quando entrei no pátio da escola depois de tantos anos e vivi uma sensação muito boa, a de ter sido feliz na minha infância. Lembrei das vezes que me reunia com os amigos para cantar o Hino Nacional, das brincadeiras e até daquelas briguinhas bobas de criança; e das minhas primeiras professoras, as tias Denise e Auxiliadora, que me deram aula no Jardim de Infância.

A Notre Dame foi uma das quatro escolas que estudei. Lá cursei até a 4ª série, repeti e fui transferida para a Pernalonga, também conhecida como Isa Prates. Na 6ª série me tornei aluna do colégio Rio de Janeiro, onde assumi o jornalzinho da escola como editora e tive a honra de entrevistar a atriz Gloria Pires que interpretava a Marisa, uma menina sensível e cheia de conflitos na novela *Dancin'Days* que passava na TV Globo naquele ano.

Não me recordo de como consegui marcar o bate-papo, talvez tenha sido por meio de algum contato que tínhamos em comum, mas fato é que a Gloria abriu as portas da casa dela pra mim, em Copacabana, onde morava com os pais, e pela primeira vez conheci uma atriz pessoalmente, logo ela que eu achava linda e admirava. Fiquei muito nervosa, mas ela foi extremamente receptiva — a Glorinha é assim até hoje, não mudou nada, um doce de pessoa, amiga e amorosa. Foi nosso primeiro contato, sem nunca imaginarmos que trabalharíamos juntas e construiríamos uma amizade de mais de 40 anos.

Concluí os estudos no Brasileiro de Almeida e nunca me importei com as transferências, já que sempre me adaptava bem às mudanças.

O descanso nos finais de semana acontecia entre amigos. Eu viajava bastante para Itaipava, distrito de Petrópolis-RJ, para a fazenda da minha tia Marina que tinha filhos quase da mesma idade que a minha. Adorava farrear com eles, andar a cavalo e tirar leite de vaca.

Quando nasci, só minha avó materna estava viva, chamava-se Baby, e faleceu dois anos depois de meu nascimento — são coisas da vida de uma raspa de tacho. Porém, tenho lembranças maravilhosas ao lado da minha parentela, e só me lembro de um episódio ruim que presenciei, uma briga entre minha mãe e uma de suas irmãs. Foi a primeira vez que vi Eugênia chorar e, por ser uma pessoa sensível desde cedo, eu me magoei também sem saber, até hoje, o motivo da discussão. Já madura, compreendo que essas desavenças entre família são apenas detalhes, um dia ficam para trás, como ficaram.

Foi também na infância, aos 4 anos, que tive o primeiro contato com o que se tornaria o meu maior sonho, e a resposta para a famosa pergunta:

— O que você quer ser quando crescer?

Minha mochila passou a carregar um par de sapatilhas e um belo *collant* para minhas aulas de balé que aconteceriam no colégio Notre Dame. A menina que se imaginava nos contos da Disney também começou a fantasiar o dia em que se tornaria a bailarina solista do Theatro Municipal do Rio de Janeiro; a dança a fascinava e sua incansável rotina de treinos continuaria até os 15 anos. No entanto, em meio a esse caminho, ela não encontraria só boas surpresas, como a situação que inspirou o título deste capítulo, mas antes de contá-la, quero compartilhar outras curiosidades da minha história, como a primeira vez que provei bebida alcoólica *bem antes dos 18 anos*.

— Posso tomar um gole, pai? — perguntei ao ver Oscar com uma taça de vinho. Lembro que o tom esverdeado da bebida foi o que me chamou a atenção.

Sabendo que não passaria de uma "provadinha de nada", porque eu só tinha 11 anos, consegui a resposta que queria:

— Ah, filha, pode...

Senti o sabor do álcool na minha boca, que pareceu doce por ser do vinho. Estávamos em um restaurante de Foz do Iguaçu-PR, durante uma viagem ao Sul e Sudeste do Brasil, com um grupo de nove pessoas, dentre elas primos e irmãos.

A viagem nos pegou de surpresa. Por algum motivo, que até hoje não sabemos qual, nossos nomes não apareciam na lista de hóspedes do hotel onde meu pai tinha feito reserva. Estávamos, literalmente, na rua, "sem lenço, nem documento".

— Se não se importarem, podemos disponibilizar a lavanderia para os senhores... — A equipe do hotel oferecia um "belo" de um improviso.

A proposta foi aceita, e a falta de sorte se tornou a principal diversão das crianças. Fizemos um desfile na lavanderia usando o que era a última moda na nossa imaginação: toalhas do hotel enroladas na cabeça. Depois da farra, dormimos ali com os adultos e sentindo um calor infernal, mas a experiência me marcou tanto que, há alguns anos, voltei nesse mesmo hotel e tive um *déjà-vu* incrível.

No roteiro dessa mesma viagem havia cidades fora do Brasil. Desbravamos de carro alguns pontos turísticos do Paraguai, da Argentina, do Chile e do Uruguai. No ano anterior eu tinha conhecido o Norte e o Nordeste brasileiro, viajando por longos quilômetros em estradas que estavam sendo inauguradas na época, como a que liga Belém a Brasília, por exemplo; fomos os primeiros a atravessá-la. Em algumas cidades pequenas, as pousadas não tinham camas, mas redes para dormir, e isso foi motivo de mais diversão.

Em todas as bagunças existia uma irmã "parceiraça" do meu lado, a Beatriz, minha Bia, quase oito anos mais velha que eu. Nossa relação era de muito carinho. Quando ficamos um pouco mais velhas, conversávamos toda semana e ela estava sempre pronta para me ajudar no que fosse preciso; assim ficamos até o dia em que ela partiu... um dia muito triste que até hoje me emociona. A gente se identificava porque tínhamos personalidade parecida, éramos doces com todo mundo, e nos esforçávamos para manter a harmonia entre a família.

Compartilhávamos não apenas o mesmo quarto, mas também as confidencias. Eu adorava que me contasse histórias sobre sua vida, porque eu ainda não era "mulher" como ela, e me sentia importante por ouvir seus desabafos sobre o relacionamento com o futuro marido. Sonhava em me casar, e me espelhava nela que estava com o casamento marcado, mas ainda não entendia nada sobre relação amorosa, só tinha vivido uma paixão de infância com um garoto lindo...

A primeira vez que me apaixonei, eu me senti feliz com o sentimento desconhecido que nascia em mim e me deixava alegre e disposta. A gente namorava sentado porque ele era *uma miniatura perto de mim*; desde os 10 anos eu já tinha 1,70 m de altura, o que me fazia um "fiapo de gente", magra e comprida. Aos 13 eu me encantei por outro garoto, e por quase um ano fomos "ficantes".

Desde criança, tenho um amor muito grande pelo ser humano e sofro quando vejo alguém passar necessidade. Aos 10 anos convidei uma moradora de rua para entrar na minha casa. Com elefantíase, ela tinha enormes edemas nas pernas que a deformavam e, além disso, cheirava mal... Em minha cozinha, ofereci um prato de comida e, mais tarde, um banho quente. Quando minha mãe a encontrou dentro de casa, quase surtou.

— Minha filha, pelo amor de Deus, veja o que está fazendo! Como você coloca uma pessoa que nem conhecemos dentro de casa?

Tarde demais, dona Eugênia, porque ela já usou nosso banheiro e nossa mesa.

Na adolescência, fui moleca, menina rebelde e "revoltadinha". Gostava de jogar handebol e pegar jacaré — tipo *bodyboard*, só que sem prancha —, talvez por isso eu me dava melhor com meninos do que com meninas. Fiz amizade com uma turminha mais velha e queria ter a mesma liberdade que a deles, o que causava um baita conflito em casa.

— Meus pais me prendem muito — eu dizia com toda certeza do mundo.

— Você precisa ter liberdade de acordo com a sua idade! — Minha mãe tentava me colocar na linha.

Essa resistência, pouco a pouco, foi me sufocando, até eu dar o meu próprio jeito de resolver as coisas: peguei o costume de esperar todos dormirem para pular o muro de casa e me en-

contrar com os amigos. Todo esse risco era para experimentar boa conversa, não drogas ou bebidas alcoólicas. Meus pais só descobriram a façanha quando me tornei adulta, durante uma entrevista que dei à imprensa. Ao assistirem, eles riram:
— Você sempre quis ser mais livre do que podia!

Ao notar os "olés" dados pela caçula em Oscar e Eugênia durante o jogo da educação, o que me tornou campeã em castigos e tapas na bunda, meu irmão Victor propôs ajudar meus pais. Para minha sorte, por ser um rapaz de 34 anos, ele adotou uma postura mais moderna em minha criação, bem diferente da dos meus pais que, naquele tempo, já beiravam os 60.

Mesmo sendo louca por praia, minha mãe não me deixava colocar o pé na areia durante a semana, porque dizia que eu precisava estudar, mas meu irmão decidiu fazer um acordo comigo: se eu cumprisse minhas responsabilidades, poderia pular na água salgada. Em minha mochila, além de protetor solar, óculos de sol e outras bugigangas praianas, eu deveria levar meus livros. Como não era boba, aceitei a proposta, afinal, ele começava a dar a liberdade que eu tanto queria.

Debaixo do guarda-sol, Victor aproveitava para fazer "arguição", o mesmo que "chamada oral" hoje. O plano surtiu efeito e, de repente, comecei a melhorar minhas notas, até porque tudo ficou mais fácil e prazeroso, afinal, eu estava fazendo o que gostava. E, de quebra, minha rebeldia deu um descanso aos meus pais.

A relação com o Victor, e com todos os meus irmãos, sempre foi de bastante respeito. Eu realmente me vejo como a "raspa do tacho", a mais inexperiente entre eles até hoje; dificilmente me sinto à vontade para opinar sobre algum assunto, apesar de esse pensamento ter mudado um pouco depois dos meus 50 anos.

— Cale a boca que você não sabe nada! — É a frase que eu sempre achei que ouviria, mas que, na verdade, nunca chegou em meus ouvidos.

Nos momentos em que eu não estava pegando um bronzeado na praia, ou lutando pela minha liberdade, eu vivia a minha paixão pela dança. Sonhava em ser uma grande bailarina, frequentava escolas de balé de segunda à sexta-feira, como uma academia que era coordenada pela professora Eugênia Feodorova, dançarina de origem ucraniana que tinha se mudado para o Brasil.

No final da década de 1970, perto dos meus 13 anos, também comecei a estudar jazz. O ritmo era a última moda na época, musicais londrinos e americanos faziam sucesso. Eu dançava muito bem e, nas apresentações, sempre ficava na frente, em destaque. Encontrei uma forma de alternar com o balé e, se deixassem, eu ensaiava a tarde toda.

Duas músicas me marcaram e ainda me emocionam: "Lago dos cisnes" e "O quebra-nozes". Meu filme preferido se chamava *Momento de decisão* (1977), do diretor Herbert Ross, por contar a história de duas bailarinas, interpretadas pelas atrizes Anne Bancroft e Shirley MacLaine, que contracenavam com o bailarino e ator russo, Mikhail Baryshnikov. Eu sonhava acordada em ser como as protagonistas.

Porém, como dizem, nem tudo são flores e, no meu caso, nem tudo foram sonhos, palcos e pontas de pé. Em um dia qualquer, ouvi um comentário — horroroso, sem noção — de uma de minhas professoras:

— Você nunca vai conseguir fazer um padedê, Cristiana! — Ela falava sobre o nome aportuguesado de *pas de deux*, um passo do balé clássico feito por um casal de dançarinos que, normalmente, termina no homem carregando a mulher. — Você é muito pesada pra isso! Só se cortassem seus ossos é que um bailarino conseguiria te carregar.

.

.

.

.

Silêncio. É disso que eu precisava para digerir tamanha grosseria, já que a frase tinha entrando em meus ouvidos e descido pela garganta fazendo *grands jetés** desajeitados. Eu teria que engolir aquele comentário, mesmo ele transformando, em um passe de mágica, ou de feitiçaria, uma bela bailarina em um pesado hipopótamo sem futuro sobre o palco — querida professora, obrigada por inspirar o título deste capítulo.

Eu tinha um corpo lindo, magrinho, longilíneo, mas, de repente, despertei um olhar crítico sobre mim mesma, e passei a prestar atenção nos números que apareciam na balança. Cheguei à conclusão de que, apesar de ser alta e magra, meus ossos eram realmente pesados demais para uma garota de 13 anos que tinha 60 kg. Em queda livre, minha autoestima caiu feito uma sapatilha; se numa escala de 0 a 10 ela estava com a nota 7, agora era 10 negativo. Pronto, depois desse dia, eu já não me achava boa o bastante.

Por mais dois anos continuei no balé porque era a minha paixão. Não faria "padedê", mas ninguém me impediria de realizar solo ou apresentações em grupo. No entanto... *"Espelho, espelho meu! Diga quem é a bailarina mais magra do que eu".* Entrei numa briga constante com meu próprio reflexo, passei a me comparar com as outras bailarinas – que eram magérrimas – e decidi fazer dieta. Eu me tornaria uma adolescente chata que só falaria sobre o mesmo assunto: emagrecer, emagrecer e emagrecer.

Hoje entendo que, se não estamos felizes com nosso corpo e desejamos mudar essa realidade, temos que buscar uma reeducação alimentar, fazer mais exercícios, diminuir a ingestão de bebidas alcoólicas, mas de jeito nenhum nos tornarmos neuróticos, daquele tipo que come apenas folhas, frutas e uma clara de ovo de vez em quando. Até porque todo mero mortal já passou pelo *efeito-provador-de-loja*, aquele momento em que olhamos no espelho e a forte iluminação do ambiente —

---

* *Grands jetés* é o plural de *grand jeté*, passo do balé clássico em que a bailarina atira, com energia, as pernas para o lado, deixando-as abertas no ar em um grande salto durante sua performance.

que deveria ajudar apenas na escolha de uma roupa nova —, mostra celulites até em nosso pescoço. Podemos esconder dos outros que nos vimos de uma forma pior do que nunca, mas não de nós mesmos. A sensação é péssima, mas existem coisas maravilhosas na vida que devem ser vividas, e vão muito além dos cinco minutos dentro do provador.

Só que naquele passado distante, minha mãe me levou em uma consulta com o cirurgião plástico dela, e ele me receitou o que chamo de "mata-ratos", medicamentos que tiram a fome, fazem realmente perder peso, mas depois engordam duas vezes mais. Emagreci 8kg em duas semanas. Uma loucura.

Com 15 anos, lá estava eu, magra, posando para fotos "metida à modelo", e ganhando uma festa de debutante no apartamento da minha irmã Lúcia, bem informal, sem grandes produções, com um DJ tocando as músicas que faziam sucesso em 1978; mas depois disso comecei a engordar novamente, e os detalhes você vai descobrir no próximo capítulo.

3
DE MALA E CUIA

Aos 15 anos, tive um namorico com um "cara" de 21 que era neto de uma amiga da minha mãe; ele tinha uma casa no mesmo condomínio que o nosso, em Araras, num bairro de Petrópolis-RJ. Eugênia aprovava muito nosso namoro porque ele já estava na faculdade, trabalhava e tinha carro. Com esse rapaz, descobri um pouco da minha sexualidade.

Perto dos 17, comecei a namorar um carioca e perdi a virgindade. Passamos um tempo juntos depois disso, mas ele se apaixonou por uma mulher mais velha, de 33 anos. Acabei descobrindo e entrei numa baita depressão.

Para aumentar a minha maré de azar, comecei a ter uma inflamação de garganta atrás da outra e, como 40 anos atrás era comum tirar as amígdalas, passei "na faca". Durante a recuperação, aproveitei para devorar baldes e mais baldes de sorvete com uma bela desculpa:

— É o que posso comer, ué!

Pouco a pouco, engordei até chegar em 110 kg. A cada ida na balança, mais depressiva eu ficava; era um ciclo vicioso. Com a situação piorando, desisti de ir à escola por vergonha dos meus amigos; ao invés de cursar o 1º ano do Ensino Médio, minha vida passou a ser assistir televisão e comer. Foi aí que estreou de verdade a minha história de obesidade, autorrejeição e autoestima "no pé".

É difícil quando vejo alguém enfrentando esse mesmo problema porque, de tão forte, a rejeição por mim mesma fez com que eu tomasse atitudes drásticas e vivesse consequências físicas e psicológicas. Sempre quero ajudar quem se sente assim, mas às vezes só a vida é capaz de mostrar um caminho...

Se pudesse dar um conselho, diria que o mais importante é nos enxergarmos como realmente somos, avaliar o que nos satisfaz, as nossas crenças limitantes, os pensamentos tóxicos que nos rodeiam, e como poderíamos nos libertar fazendo o que gostamos, principalmente uma atividade física. Junto a isso, ficar com pessoas positivas é uma ótima ideia, porque elas podem trazer bons sentimentos até que a gente consiga vencer tudo isso.

Eu vivia com uma amiga gaúcha, chamada Isabela Sá, que hoje é madrinha da minha filha Antônia. Ela era cheinha também, e uma colega que tínhamos em comum, a Thaís, era bem magra, linda, com um corpo maravilhoso. Quando as três iam à praia, a Isabela e eu não entrávamos no mar de jeito nenhum por vergonha do nosso peso; enquanto isso, a Thaís desfilava "toda" magra.

— Ai, meu Deus! Que ódio dessa menina! — brincávamos uma com a outra, rindo. — Como é que a Thaís pode ser tão magra e linda? E eu e você assim?

Quando voltávamos pra casa, a Thaís estava toda molhada do mar, já a Isabela e eu, sem um pingo de água salgada no corpo, e cheias de areia.

A gente adorava a Thaís, claro, mas nos divertíamos falando do nosso próprio sofrimento. Eu diria que foi um momento leve, porque a gente conseguia dar risada da nossa situação.

Sendo adolescentes, queríamos sair e nos divertir. Teve uma noite que nós três marcamos de conhecer uma boate chamada "Hipopótamos", perto de casa. Quando chegou a hora de ir, a Thaís estava toda arrumada, enquanto a Isabela e eu vivíamos uma situação de *"nada cabe em mim, nada cabe em você"*. Já que nossas próprias roupas não davam certo na gente, começamos a trocar as peças: eu experimentava as da Isabela, mas não cabiam em mim também, ela tentava vestir as minhas e não entravam nela. Começamos a ficar com muita raiva...

— Isabela, a gente não vai — decidi. — Eu não tenho roupa, não tô me sentindo bem com nada.

A Thaís foi e nós duas ficamos em casa, em frente à TV e devorando um enorme pote de sorvete para *engordar ainda mais* — quando me lembro disso, dou muita risada. A noite foi divertida porque era um momento de identificação com alguém da minha idade que vivia o mesmo problema que o meu, só que a minha autoestima continuava "no pé", eu não gostava de mim, ficava irritada, e quanto mais eu me sentia assim, mais eu comia, tinha raiva do meu corpo e falava:

— Ah! Dane-se! Vou continuar comendo.

Era incoerente. Ao invés de chegar no fundo do poço e encontrar uma maneira de sair dele, eu ficava ali parada, estagnada, e meu peso na balança só aumentava.

Nessa mesma época, comecei a trabalhar com minha irmã Marió. Ela era responsável pela divulgação de duas peças da companhia Pessoal do Cabaré: *Poleiro dos anjos* e *Cabaré Valentim*. Os espetáculos aconteciam no Teatro Ipanema e eram dirigidos pelo ator Buza Ferraz que infelizmente faleceu em 2010.

Meu trabalho era ficar na bilheteria, fechar borderô — aquela relação de tudo que entrou no caixa no dia do espetáculo para prestar conta à equipe —, distribuir panfletos nos sinais e colar cartazes nos postes.

Minha irmã me botava pra trabalhar enquanto ia num bar do Leblon, tomar um chope que ela amava, com a Eliana Caruso que é mulher do cartunista Chico Caruso e mãe do comediante Fernando Caruso. Ali elas ficavam até às 3h da madrugada.

Ao final da temporada de espetáculos, a companhia foi convidada para se apresentar por um mês no Teatro Augusta, na cidade de São Paulo. Como minha irmã era diagramadora no *Jornal do Brasil*, que ficava no Rio, ela não pôde acompanhar a trupe.

— Cristiana, você não quer ir? — para minha surpresa, o diretor Buza me convidou para substituir a Marió.

— Sozinha?

— Sim, por que não? Você faz o seu trabalho tão bem!

— Eu quero! Claro que quero — respondi sem dúvida alguma, afinal, sem estudar, eu estava com o tempo livre.

Fui para São Paulo e fiquei num hotelzinho na região do bairro Bixiga. Eu me empenhei e consegui patrocínio para as peças através do meu trabalho de divulgação, por isso recebi muitos elogios do Buza e de toda equipe.

Com a oportunidade, passei a conviver com quem fazia teatro e me "amarrei" na ideia; ainda não pensava em ser atriz, apenas trabalhar na produção. Nas duas peças da companhia, o contrarregra era o ator Pedro Cardoso. Ele entrava de joelhos, calado, usando uma roupa do século 17, com uma peruca daquelas bem características da época. Sem que ele falasse uma única palavra, o povo "vinha abaixo", passava mal de rir. E depois disso ele começou a ser conhecido como ator.

Nessa ida a São Paulo, fiz amizade com várias pessoas e conheci uma pessoa que seria uma grande amiga, a Ângela "Frampton" — na verdade, esse não era o sobrenome dela, mas seu apelido por adorar o guitarrista Peter Frampton, muito famoso naquele tempo.

Aproveitei a viagem para assistir à primeira versão da peça *Blue Jeans*, do Wolf Maya, que já havia sido apresentada no Rio de Janeiro-RJ, mas que na capital paulista era montada com outro elenco.

Ao voltar para casa, minha mãe me achou muito gorda e resolveu me levar a um homeopata que atendia no centro do Rio. Ele me passou uma reeducação alimentar, a tal pirâmide: uma quantidade específica de carboidrato, outra de proteína e de gordura, considerada a base de qualquer alimentação equilibrada. Emagreci um pouco, porém, ao mesmo tempo, o conflito com a minha aparência aumentou.

Apesar de todos os desafios internos, continuei minha busca pela felicidade e descobri um curso de improviso para teatro no Jardim Botânico que era com o professor e diretor Clóvis Levy. Resolvi me inscrever e percebi que era muito boa nisso; e o próprio Levy comentou que eu era bastante expressiva:

— Você tem presença de palco!
Eu adorava as aulas, mas ainda não tinha tido oportunidade para treinar interpretação com texto. O problema é que meus pais ficavam muito "em cima de mim" e, num belo dia, minha mãe apareceu em uma das minhas aulas para me vigiar, queria saber com quem eu estava andando, quem eram as minhas companhias... E ela não gostou nada do ambiente de teatro; queria que eu saísse do curso e fizesse outra coisa.

Naquela mesma noite, tomei uma decisão. Ela foi embora antes de mim, então, peguei um ônibus, voltei pra casa e escrevi uma carta aos meus pais. Disse que queria liberdade e autonomia, mas me sentia cerceada, muito pressionada por eles, por isso precisava de um tempo pra mim; pedi também que não se preocupassem comigo porque eu ficaria em segurança.

Peguei uma mala que era deles, toda xadrez, vermelha, preta e branca, sem rodinhas, e enchi de roupa decidida a voltar para São Paulo-SP com pouquíssimo dinheiro no bolso, sem grana para a passagem de volta. Saí na surdina, em direção à rodoviária, arrastando minha bagagem, sem pensar quando voltaria, sem planos, nada. Não avisei ninguém sobre o meu destino. Eu só queria viver a minha vida, e fazer o que eu bem entendesse sem ser supervisionada pelos meus pais.

Ao chegar na capital paulista, encontrei um orelhão e liguei para a Ângela "Frampton" pedindo para me hospedar na casa dela.

— Minha mãe não deixou... Não vai dar! — ela respondeu do outro lado da linha. — Mas tenho um amigo que pode te ajudar.

Era um autor de teatro infantil que poderia me alugar um dos quartos do apartamento dele.

— Não tenho dinheiro agora — expliquei pra ele por telefone — mas vou procurar um trabalho e te pagar.

Por sorte, ele compreendeu minha situação. Na mesma hora, peguei um ônibus com destino a Higienópolis e descobri onde aconteceria minha nova vida: num quarto pequeno, com apenas uma cama de viúvo. Acabei tendo muito carinho pelo meu anfitrião – que era gay. A gente se dava muito bem, mas infelizmente nos afastamos ao longo da vida.

Por três dias caminhei pela região em busca de emprego, batendo de porta em porta, mas pela minha idade, ninguém queria me dar trabalho. Em meio às andanças, encontrei um mercado, procurei pelo gerente e consegui que ele me desse um tempo de experiência como caixa; por sorte, ele gostou de mim e me deu a vaga.

Eu precisava contar as moedas para sobreviver. Não cheguei a passar fome, mas comprava tão pouca coisa pra cozinhar que cheguei a emagrecer e, com sorte, sobrava um pouco de grana para pegar ônibus.

A maconha estava na moda, talvez fosse a única droga que rolasse entre os adolescentes no início dos anos 1980. Algumas vezes me ofereceram em São Paulo-SP, mas neguei, mesmo porque, aos 13 anos eu tinha vivido uma experiência que havia me traumatizado: dei duas ou três tragadas na companhia de alguns amigos, em uma fazenda de Petrópolis-RJ, e vivi o que chamam de *bad trip*, comecei a ver coisas e ter uma sensação horrível.

Como não gosto de perder o controle, desenvolvi uma enorme rejeição pelas drogas. Por esse motivo, quando as pessoas falam o que já experimentaram, penso: *"nem 'doido' que faço isso"*. Graças a Deus, as minhas filhas têm essa mesma consciência.

Fiquei em São Paulo-SP por um mês em total silêncio, sem falar com ninguém da minha família, até o dia que resolvi ligar para minha irmã Irene que morava na capital paulista, e finalmente dizer onde estava. Ela me contou a dor que meus pais sentiam, e isso mexeu comigo. Eu me julguei culpada e decidi voltar para o Rio de Janeiro.

Fui totalmente inconsequente. Hoje que sou mãe entendo, mas, no final das contas, tive sorte — ou diria que, talvez, até tenha sido abençoada — porque apesar de ouvir que eu havia sido irresponsável, meus pais me receberam de braços abertos quando, na verdade, poderiam ter me expulsado de casa de uma vez por todas.

A minha ausência e a insatisfação que manifestei através da fuga fez com que eles pensassem por um momento:

— Opa! Tem alguma coisa errada na educação que estamos dando para a Cristiana. São outros tempos, a gente não pode educá-la dessa maneira.

Meus pais se deram conta que a filha caçula não recebia muita atenção da família, por isso tinha desenvolvido uma personalidade livre. Perceberam também que deveriam se adaptar a uma nova criação, diferente daquela entregue aos outros nove filhos, até porque o mundo havia mudado. Então, equilibraram a maneira de me educar, tornaram-se mais atentos em relação ao que eu sentia ou queria e, junto a isso, também me deram um pouco mais de liberdade.

Por essa razão, não me arrependi da loucura que tinha feito, afinal, de alguma maneira tinha conseguido com que meus pais acordassem, olhassem pra mim, pra quem eu era de verdade. Se fosse com a mentalidade que tenho hoje, jamais faria isso, provavelmente encontraria outra forma de resolver a minha relação com eles, mas, naquele momento, foi a melhor saída que encontrei.

De volta pra casa, retomei os estudos, e senti falta da sensação de ser dona de mim mesma, do meu tempo, de fazer as coisas do jeito que queria, porque a experiência, além de me trazer um pouco de maturidade, também me fez descobrir a alma livre que tenho: desde essa fase dos meus 16 anos, fico muito bem em minha própria companhia, não sou carente e preciso viver a solitude.

DE REPENTE, *TOP MODEL*

Demorou dois anos para que eu perdesse os 40 kg ganhos na adolescência, com dietas das mais loucas até as mais equilibradas. Comecei a praticar exercícios físicos também; entrei no karatê e em outras atividades que nem me lembro mais quais eram. Quando me sentia de "saco cheio", parava, depois voltava e emagrecia mais um pouco. Foi efeito sanfona até os 19 anos, mas por fim tive lucro: por ser jovem, perdi os quilos que precisava.

Quando me vi com um corpo lindo e magro, as pessoas começaram a me incentivar para ser modelo, como aconteceu quando meu amigo de décadas, Marzio Fiorini, que morava em Petrópolis-RJ, veio até mim e me disse:

— Krika, quer desfilar para a Company, onde sou gerente?

Voltada para o público jovem, a marca era bastante conhecida na década de 1980.

Eu nunca havia imaginado aquela possibilidade, mas tinha fotos de *top models*, presas com durex, na porta da minha geladeira, para que me inspirassem a ter um corpo igual ao delas. Em meio às fotografias, estavam as famosas daquela época, como a Luiza Brunet e a Xuxa.

Aceitei a proposta do Marzio e comecei a participar de todos os desfiles que a Company promovia em shoppings e outros lugares de Petrópolis-RJ. Até que um dia ele teve outra ideia:

— Você viu o concurso de modelo da revista do *Jornal do Brasil*? Ele está sendo patrocinado pela marca de óculos Marie Jean. Quem ganhar vai receber mil dólares, e ainda vai ser capa da revista de domingo.

A proposta era ótima. Tiramos algumas fotos e mandamos pelo correio, mas não demorou muito para que eu recebesse a notícia de que tinha sido desclassificada. "*Ok*", pensei. Dali uns dias recebi outro telefonema, informando que uma parte da banca julgadora tinha gostado das minhas fotografias e eu havia sido *reclassificada*.

Acho que até hoje meu rosto fica bem de óculos e, no final das contas, ganhei o concurso, recebi os mil dólares — o primeiro dinheirinho que ganhei de verdade —, fui capa e pauta na revista do *Jornal do Brasil*, desfilei com vários estilos de óculos, roupas da moda e maiô.

Um tempo depois, uma agência me procurou e eu passei a realizar outros trabalhos até os meus 24 anos. Participei de editoriais, campanhas de roupa e desfiles, bem como fui capa de várias revistas da editora Abril, e todas da Bloch Editores, que era associada à extinta TV Manchete; foi numa dessas fotos para a Bloch que conheci meu primeiro marido, o fotógrafo André Wanderley. Eu o achei lindo enquanto me fotografava e vivi um amor à primeira vista. Começamos a namorar em 1983 e meus pais superaprovaram nosso relacionamento.

Existiam pouquíssimas *top models* no Brasil e elas viajavam o país inteiro para desfilar. Quando eu tinha 20 anos, a brasileira Monique Evans estava no auge de sua carreira e foi convidada para participar de um desfile da marca de calçados Piccadilly, em que eu também me apresentaria. Nesse contrato, além de três desfiles que aconteceriam em shoppings do Rio de Janeiro-RJ, de São Paulo-SP e de Belo Horizonte-MG, eu também gravaria um comercial. Primeiro trabalhei no Rio, e quando fui para São Paulo-SP, enquanto ensaiava no palco ao lado da Monique, fui logo dizendo:

— Poxa, Monique, me ensina a desfilar!

— Claro! — ela respondeu antes de mostrar como eu deveria fazer. — Menina — emendou, surpresa —, você nasceu pra isso!

Talvez os anos de balé tenham me trazido postura e consciência no caminhar, mas, no fundo, eram coisas que estavam comigo sem eu nunca ter aprendido.

Segui para Belo Horizonte-MG como combinado em contrato e, quando voltei para o Rio, acontecia um desfile da DuPont.

— Cris — a Monique me disse por telefone —, a Cristina Brasil, que é uma das nossas modelos, vai precisar faltar. Você não pode ir no lugar dela?

O convite me trouxe a oportunidade de desfilar pela primeira vez em passarela, ao lado das maiores *top models* que existiam na época, como a Carina Bockel, a Jaque Sperandio, a Maira Jung e a Cláudia Viana; a gente sempre andava juntas e até hoje somos amigas. Por isso considero que a Monique Evans foi quem mais me incentivou nessa carreira e, depois dela, várias modelos com quem trabalhei, e que fizeram parte de uma geração anterior à minha, como a Marcela Polo, a Tereza Cristina, a Cristina Brasil, a Veluma, a Carla Barros, a Patrícia Barros e outras meninas.

Sendo vista, fui convidada por uma editora da *Vogue* para participar de alguns testes e fazer uma turnê de desfiles pelo Brasil, mas a experiência foi horrível porque eles me acharam gorda e cancelaram minha participação. Eu era bem magra, mas não seca feito as modelos europeias, e mais corpulenta que a Monique Evans, a Cristina Brasil, a Tereza Cristina, a Veluma, e toda a turma que era bem forte na área de manequim — como chamavam quem desfilava nas passarelas. Além disso, eu era mais nova que elas, só que nada disso tinha sido um problema antes, porque os produtores me adoravam. Fiquei com tanta raiva da desclassificação que minha autoestima, *bum*, escapuliu, e carreguei essa mágoa muitos anos na minha vida.

Em 1983, ouvi rumores de que uma grande agência espanhola estava no Brasil para fazer *casting*, quando modelos visitam clientes para mostrar *book* de fotos ou participar de testes para ser contratada. Comecei a investigar e descobri o nome da agência, mas já era tarde demais... A responsável pelo *casting* já tinha ido embora do Brasil.

Sem desistir, falei com várias pessoas até conseguir o contato da dona da agência e ligar para ela. Eu sabia um pouco de espanhol e consegui me apresentar como uma modelo brasileira; disse que queria mandar alguns materiais para ver se, de repente, eu teria uma oportunidade de ir para a Espanha. A resposta foi afirmativa, peguei algumas fotos e mandei para além das fronteiras. Uma semana depois, o telefone tocou:

— Gostei muito das suas fotos, Cristiana. Você tem um rosto comercial que conseguiria bastante trabalho aqui, só que nós não pagamos passagem de volta para nossas modelos, tá? Só a de vinda, mas damos um *advance*, um adiantamento pra você conseguir morar um tempo na Espanha, porque você tem que ficar aqui no mínimo três meses e, se quiser voltar, com os trabalhos que conseguir vai poder pagar o seu retorno.

Quando contei para os meus pais, eles quase entraram em pânico, mas...

— Bom, a Krika tem 20 anos — disseram. — Já é maior de idade, temos que deixar ela ir.

A agência cumpriu o combinado, e meu pai me emprestou mais 200 dólares para que eu conseguisse me manter caso ficasse sem trabalho.

Cheguei em Madri com duas malas enormes, cheias de roupa de inverno, e crente de que alguém me pegaria no aeroporto, mas estava errada. Por sorte, tinha o endereço da agência comigo e consegui pedir um táxi.

Dei de cara com um prédio antigo, sem elevador, e descobri que a agência ficava no terceiro andar. A única opção era a escada. Sempre dou risada quando me lembro da cena... Arrastei as malas por *infindáveis* três andares.

— Oi, eu sou a Crica, do Rio... — sendo modelo, eu assinava "Crica" com "C", e foi dessa forma que me apresentei, ofegante pela batalha com os degraus.

— Ah, muito prazer! Foi bem de viagem?

— Deu tudo certo, obrigada. É... Onde vou ficar?

— Têm umas pensões aqui na frente que se você quiser vai pagar 30 pesos por dia; os quartos são individuais, mas o banheiro é coletivo. Ou você pode dividir um apartamento com alguma modelo, mas terá que pagar mais caro por isso...

— Não, não. Prefiro a pensão.

Era outro prédio antigo, simples e com piso de madeira que rangia. Fiz *check-in* e entrei no quarto, morta de canseira e de fome. Deixei minhas malas e saí à procura de alguma lanchonete. Encontrei uma perto dali e, na hora de fazer o pedido, o "cara" não entendia que eu queria um misto quente... Uma comédia! Por fim, comi o que tinha: *jamón* pela primeira vez, presunto espanhol muito conhecido por seu sabor singular. Depois aproveitei para dar uma volta por Madri e retornei à pensão.

Têm coisas dessa noite que me lembro muito bem. Dormi super cedo, quase às 18h30, passando um frio absurdo porque não havia calefação no quarto. Eu tinha uma malha de lã, cor salmão e comprida, feita pela minha mãe, que vesti com todas as roupas da mala, uma em cima da outra, para tentar me esquentar. Conclusão? Com a baixa temperatura meu corpo reteve líquido, precisei ir várias vezes ao banheiro e ainda esperar na porta, porque a pensão estava lotada de hóspedes. Foi aquele perrengue. Não dormi nada.

Meu primeiro *casting* aconteceu logo na manhã seguinte, numa grande loja de departamento da Espanha, a El Corte Inglés. Eu passei no teste e comecei uma campanha para *outdoor*.

O dinheiro começou a entrar, e em pouco tempo eu já tinha condições de me manter no país e comprar minha passagem de volta se quisesse. Mudei para um apartamento com outras modelos brasileiras, e aí comecei a ter uma vida melhor, a sair e me divertir, mas, ainda assim, a grana que eu ganhava era para custear minha experiência maravilhosa na Espanha, não para voltar rica ao Brasil.

Meus pais não eram contra a minha carreira porque sabiam que, além de me fazer bem, ela me dava independência financeira, só que o Oscar e a Eugênia eram "na deles", não vibravam, nem se orgulhavam com euforia. Pensavam algo como: *"Ah! É a forma que a minha filha descobriu de viver e de ganhar o dinheiro dela, ser independente"*. E no segundo mês que eu estava na Europa, eles decidiram me encontrar; queriam me ver, mas, ao mesmo tempo, também me vigiar, saber o que eu estava fazendo e como me comportava.

Minha irmã mais velha, a Maria Elisa, também foi. Eu aluguei um apartamento para ficarmos por uma semana juntos, e tive uma sensação estranha ao receber meus pais, porque estava há dois meses me virando sozinha em Madri sem depender deles para nada. Era a segunda vez que eu me via fora de casa depois de ter fugido para São Paulo-SP na adolescência, e a primeira vez em um país da Europa, descobrindo coisas boas e, claro, ruins também, mas vivendo uma grande conquista.

Eu conhecia toda a cidade e, pra mim, foi uma honra absurda conseguir apresentar os pontos turísticos, levá-los para andar de metrô, de ônibus, dizer onde era "tal coisa", "aquela outra", se "era assim ou assado", porque, como eu não bebia, enquanto a "modelada" ia dançar e beber nas boates aos finais de semana, eu aproveitava para visitar as cidadezinhas históricas da região. O engraçado é que, de certa forma, meu pai tentava retomar o controle:

— Por que não vamos ali? — ele dizia. — Ou aqui?

— Pai, deixa que eu levo vocês nos lugares que acho legal.

Por fim, eles perceberam que estavam com uma mulher adulta, não mais com uma adolescente e, portanto, podiam confiar. Foi incrível, eu me lembro dessa viagem com muito carinho.

Quase quatro meses depois, voltei para casa, e, em junho de 1986, o André Wanderley e eu resolvemos nos casar. Por mais que tivesse um espírito livre, eu tinha sido educada por pais que já estavam casados há muitos anos e me orientavam a ter marido e filhos, portanto, em mim existia um lado que buscava se casar, mas que talvez não fizesse parte do meu real desejo naquele momento. Tanto que, no dia seguinte ao do casamento, fui para a casa dos meus pais e tive uma sensação depressiva horrível.

— Será que fiz a coisa certa? — me perguntei. — Será que quero enfrentar a vida de casada, longe daqui, da minha família e dos meus pais?

Eu não estava pronta, era infantil e imatura, uma menina brincando de casinha. Hoje, mais velha, vejo que não foi uma decisão consequente, responsável. Simplesmente falei:

— Vou me casar e ver no que vai dar.

A festa foi gigante e aconteceu na casa da minha irmã Lúcia que já faleceu — ela morava no Condomínio Nova Ipanema, da Barra da Tijuca, no Rio de Janeiro-RJ —, reunimos nossos amigos e familiares; e a Monique Evans foi minha madrinha.

Não me vesti de véu e grinalda. Por ser modelo, tinha amizade com alguns estilistas e, nessa época, estava na moda usar casacos e roupas diferentes para se casar. Escolhi um vestido justo de pelica branca, com aquelas ombreiras enormes da década de 1980, chapéu alto na cabeça, e um sapatinho branco baixinho porque o André tem 8cm a menos que eu. Não levei buquê, só uma flor copo-de-leite na mão. Por causa da minha roupa, meu casamento saiu em jornais e na revista *Veja*. Foi um look inusitado, morro de rir até hoje quando olho as fotos porque eu parecia, literalmente, um vidro de perfume branco.

4
FOI REALMENTE O ACASO

Um mês depois do meu casamento, em julho de 1986, uma agência me chamou para trabalhar como modelo em Munique, na Alemanha. Aceitei a proposta e não tive problemas nenhum com o André em relação a isso; ele sabia que trabalhar no mercado internacional era uma grande oportunidade pra mim, tanto que não existia ciúme entre a gente, pelo contrário, ele me incentivava porque esse também era o universo dele, pois trabalhava como fotógrafo de moda e de publicidade. Era uma relação de apoio mútuo, ele me entendia perfeitamente e me orientava também.

Trabalhei em várias cidades que ficavam na parte ocidental da Alemanha, já que o Muro de Berlim ainda existia e eu não podia visitar a parte comunista. Foi a primeira vez que ganhei um bom dinheiro como modelo, por isso consegui morar em lugares melhores que na Espanha; no segundo mês já saí de uma pensão e fui dividir um apartamento com uma americana da Filadélfia, e um tempo depois com uma havaiana, em outro.

Lembro que eu era feliz e gostava muito de lá, muito mesmo. Adorava andar de trem para visitar as cidades pequenininhas; nos finais de semana, pegava um ônibus e ia para a Áustria também.

Visitei a terra onde Mozart nasceu, Salzburgo, e muitos castelos, como o Neuschwanstein, construído pelo rei alemão

Ludwig II, que baseou sua construção na arquitetura francesa do século 17 para 18.

Eu costumava comprar livros sobre a história de cada lugar que passava para estudar inglês e aprender sobre o país; às vezes pegava um lápis e uma caneta para fazer anotações enquanto lia numa pracinha com o cenário lindo do castelo Neuschwanstein em minha frente. Assim desenvolvi o idioma, não só por ter morado com uma americana e depois com uma havaiana, que me ensinaram muita coisa, mas também porque "corri atrás" de aprender a língua. Já o alemão, não consegui falar, porque achei a gramática muito diferente.

Seis meses depois, quando voltei para o Rio de Janeiro-RJ, cheguei ao Brasil com bastante dinheiro no bolso. Vim para ver o André, porque a gente ficou todo esse tempo se falando só por orelhão, mas a promessa era voltar para a Alemanha, porque eu já tinha conseguido um emprego para ele como assistente de um superfotógrafo em Munique. No entanto, depois de uma viagem para conhecer a Disney e Nova York, descobri que estava grávida da Rafaella.

Ficamos muito assustados com a notícia porque *foi realmente o acaso*. Eu estava me dando bem na Alemanha, queria voltar, mas não teve jeito... A gente precisou se acostumar com a ideia porque a situação era inexorável.

A dona da agência alemã que me agenciava, ficou *"p"* da vida comigo:

— Meu Deus! Uma mulher que trabalhou e ganhou dinheiro, volta para o Brasil e engravida!

E isso não aconteceu só comigo, mas também com outra modelo brasileira, o que significava uma grande perda para ela que ganhava dinheiro com a gente.

Já meus pais reagiram com normalidade à gravidez porque a Rafa foi a 12ª neta da família. Além do mais, por eu estar casada, tudo estava dentro do "normal" para eles que sempre me ensinaram a ser esposa e ter filhos.

Graças a Deus foram 9 meses de muita saúde. Consegui continuar trabalhando, não como modelo, mas ajudando o André com produções de moda e fotografias. Ganhava um dinheirinho lá, um dinheirinho cá, e conseguia colaborar. O problema foi que engordei bastante, 38 kg. Minha mãe vivia com aquele papo:

— Minha filha, agora você está se alimentando por dois.

Relaxei totalmente, não fazia exercícios físicos, comia tudo o que queria e fora de hora; e ainda usava a gravidez para justificar a situação e aceitar os quilos a mais registrados na balança.

Os dias foram passando e eu sentia muito medo — *muito medo mesmo* —, de parto normal, mas mesmo assim tentei até o último segundo, só que sem nenhuma dilatação, o médico optou pela cesariana. Chegou num momento que entrei em pânico:

— Não quero mais ter filho, não quero mais ter filho!

Foi realmente um parto traumático pra mim. Fiquei desesperada, não sei se foi reação a algum medicamento ou quê, mas precisaram me dar calmante e tirar depressa a Rafaella para que ela não fosse prejudicada.

Depois, vivi a maior dificuldade para voltar a ter o corpo de antes. Perdi 8 kg no parto, mas precisava emagrecer mais, porque ser modelo era a minha principal fonte de renda.

Enquanto ainda estava gordinha, a Monique Evans me convidou para ser professora de Pose e Postura para Fotos em um curso que ela dava com a Carla Souza Lima, modelo que faleceu alguns anos atrás. Com isso, tive uma renda pequena e, ao mesmo tempo, fui batalhando para perder meus infindáveis quilos...

Recorri a um médico superconhecido na época e comecei a tomar um medicamento manipulado que ele garantiu não fazer mal, mas depois descobri que levava anfetamina na fórmula. Emagreci bastante, sim, mas a custo de um negócio muito radical, porque apesar de realmente acelerar o metabolismo e tirar a sua fome, essa substância também deixa você agitado, agressivo e nervoso. Dois meses depois, quando percebi que os comprimidos alteravam o meu humor, parei de tomar e me tornei contra esse tipo de remédio. Resolvi emagrecer por conta própria e em oito meses perdi tudo que tinha ganhado na gestação.

Dessa vez, não sofri com baixa autoestima porque nem tempo pra isso eu tinha, já que precisava cuidar da Rafa sem a ajuda da minha mãe, afinal, depois de ter criado um monte de filhos e netos, Eugênia estava bem cansada. Graças a Deus, o André foi um pai colaborativo que cuidava da bebê e dividia os afazeres da casa comigo; além disso, éramos autônomos e tínhamos flexibilidade de horário, mas mesmo assim a experiência de pais de primeira viagem foi desesperadora.

Eu só tinha feito um curso básico de puerpério e outro para dar banho em recém-nascido, todo o resto precisei aprender na marra. Quando minha filha chorava de cólica à noite, eu não sabia o que fazer; às vezes ela sofria de intestino preso, e aí era aquela agonia para fazer massagem... Eu ligava para as minhas amigas que tinham filho, para a minha mãe e as minhas irmãs, perguntando muita coisa.

Nunca vou me esquecer de um dia que tomamos banho juntas. A Rafa tinha um pouco mais de 1 ano e escorregou no banheiro, caindo na viga de alumínio do box; com a pancada, uma das sobrancelhas abriu e a cena foi um horror... Era sangue pra todo lado e eu, em pânico, com o André, levando a minha filha num hospital de emergência. A anestesia não pegou e precisaram dar ponto assim mesmo. Fiquei traumatizada, e ela ganhou uma cicatriz pra vida toda.

Quando ela completou 2 anos, conseguimos contratar uma babá para nos ajudar, e aos 3, eu a matriculei numa creche de Ipanema que existe até hoje, onde também fiquei na infância. Esse foi outro momento que me marcou bastante, mas dessa vez, de maneira positiva, ao invés de a Rafa reagir do tipo *"não, não quero ir"*, extrovertida como sempre, aceitou muito bem o desafio e adorou a experiência.

Eu já fazia faculdade de Jornalismo nesse período. Comecei em 1985, com 21 anos. Era uma boa aluna, não faltava a nenhuma aula e me formei rapidinho. Foi uma fase maravilhosa porque comunicação é uma área que sempre me identifiquei.

No último ano, em 1988, entrei como estagiária no jornal *O Globo*, bem no período em que as máquinas de escrever começaram a dar espaço para o computador, e virei a mascote da turma.

Trabalhei com a jornalista Sonia Biondo, que faleceu em 2014. Como editora de moda do Segundo Caderno, onde depois comecei a fazer reportagens sobre comportamento para a contracapa, ela me ensinou muito, deu força e me incentivou. Nessa vaga, entrevistei as atrizes Suzy Rêgo e Lídia Brondi — porque ela tinha feito um corte supermoderno na novela *Vale Tudo* —, e também uma figurinista da Xuxa. Além do diretor Jorge Fernando, que faleceu em 2019, e o autor de novela Cassiano Gabus Mendes — pai do Tato e do Cássio Gabus Mendes — em São Paulo-SP, um pouco antes de ele morrer em 1993.

Para todas as matérias que precisava fazer, eu pesquisava sobre a pessoa "até não poder mais", porque queria saber tudo da vida dela, e o Cassiano me elogiou demais por causa disso:

— Pôxa! Tô impressionado de ver seu conhecimento sobre o meu trabalho. Coisas que eu já até esqueci, você me lembrou hoje! É uma menina tão nova e já tem vocação pra ser jornalista.

Por fim, a entrevista não foi publicada. Se eu não estiver enganada — afinal, isso já faz muito tempo — foi porque ele faleceu antes mesmo de a matéria ser divulgada.

Um tempo depois comecei a trabalhar com jornalismo televisivo, também no *O Globo*. Perto da redação, no centro da cidade do Rio, tinha um curso do diretor Wolf Maya para quem queria trabalhar interpretação em vídeo. Eu me inscrevi e comecei a fazer. Na verdade, o Wolf Maya foi a primeira pessoa a dizer que eu tinha jeito pra televisão, fotografava muito bem e era natural quando interpretava.

— Acho que você pode seguir por essa linha (de televisão) — ele comentou.

Eu ainda fazia parte de uma agência de modelos que sempre me chamava para fazer *casting*, e fui convidada para gravar um teste de comercial de novelo de lã que passaria na TV, no Sul do país. Quem ia dirigir era o cineasta Walter Salles Júnior.

Aceitei o desafio como outro qualquer, sem expectativas, só que, para minha surpresa, o Walter assistiu minha gravação e adorou. Talvez tenha dado certo porque eu já tinha uma almazinha de atriz, quietinha que, de repente, aflorou no papel da estudante que aparecia no comercial, pois mesmo não tendo que dizer nada durante as cenas, eu precisava atuar em frente às câmeras.

Naquele tempo, propagandas longas eram comuns na TV, então o vídeo tinha três minutos e contava sobre uma aluna que se apaixonava pelo professor. Durante as aulas, ela fazia um suéter de lã vermelha para presenteá-lo. No final das contas, os dois acabavam não tendo nada, mas ela entregava o agasalho para ele. O tempo passava, ela se casava e engravidava; um tempo depois saía para passear com o filho na praça e, dali a pouco, via o professor caminhando sozinho com a malha de lã que ela tinha feito... Era uma história superbonitinha.

Aconteceu que, nessa mesma época, estavam procurando uma apresentadora para o programa *Shock* que passaria na TV Manchete, e me chamaram para ser entrevistada pelo Jayme Monjardim, que seria o diretor artístico da atração; eu me lembro que a atriz Carolina Ferraz também participou do processo seletivo. Na entrevista, o Jayme colocou pra rodar a fita cassete do comercial de lã e, quando viu minha atuação, falou:

— Cristiana, que coisa doida! Eu olhei pra você agora e vislumbrei a personagem principal da minha novela. — Por coincidência, ele estava procurando uma atriz para fazer a protagonista de *Kananga do Japão* que passaria no início de 1989. — Ao invés de fazer um teste para ser apresentadora do *Shock*, faça pra ser a minha personagem Dora.

— Não, Jayme, espera aí! — respondi. — Eu nunca fiz televisão, só comercial e, mesmo assim, nunca peguei um texto pra interpretar na minha vida.
— Você confia em mim?
— Olha, eu não te conheço, mas acredito que se você tá nessa tua posição, você merece minha confiança!
— A novela vai ser dirigida pela cineasta Tizuka Yamasaki.
— Ela tinha acabado de ser premiada com o filme *Gaijin, caminhos da liberdade* (1980). — Pode acreditar que você vai estar em boas mãos. A gente vai fazer uma semana de testes com você, se você se der bem, você pega o papel, se não, tá tudo certo, pelo menos você ganha essa experiência...
— Tá bom! Vou passar por isso.

Comecei a participar dos testes que era interpretar várias cenas da protagonista da novela, e fui muito bem; inclusive, o autor Wilson Aguiar Filho, que já faleceu, ficou louco pelo meu trabalho.
— Eu quero essa menina na minha novela! Eu quero essa menina na minha novela! — ele falava.

No entanto, quem faria o par romântico da protagonista seria o ator Raul Gazolla, que ainda não era conhecido pelo público, por isso a produção precisava de uma atriz famosa para contracenar com ele. Foi aí que a Christiane Torloni fechou contrato com a TV Manchete e assumiu o papel da Dora.

De certa forma eu fiquei muito aliviada com a notícia, *de verdade*, mas, ao mesmo tempo, tinha gostado da experiência de interpretar. E a vida, fazendo jus à fama de roda gigante, resolveu virar. Quando menos imaginava, recebi um telefonema do autor da novela:
— Cristiana, eu gostei demais de você! Quero que esteja em *Kananga do Japão*... Não tenho um papel agora, mas vou criar.

Enquanto esperava para saber quem eu interpretaria, a atriz Bia Seidl fechou contrato com a Globo e deixou o papel da Hannah disponível, que era a segunda maior personagem feminina. Imediatamente, a produção me colocou no lugar dela.

Sendo assim, em maio de 1989, aos 25 anos, fui contratada pela TV Manchete para atuar pela primeira vez numa novela, e entraria na trama a partir do 35° capítulo.

Embora de uns anos para cá eu tenha diminuído o ritmo, fui noveleira desde criança. Era fã de muitos atores, atrizes e, de repente, com a Hannah, eu me vi na mesma situação que a deles, dentro de um estúdio de gravação.

Aos 10 anos, a escola que eu estudava visitou a cidade cenográfica da Globo. Ver o cenário que eu assistia e como tudo funcionava por trás das câmeras foi fascinante, nunca me esqueço de como me encantei com as frutas falsas das barracas de feira. Por isso, quando comecei a gravar *Kananga do Japão*, e ver todos aqueles atores que eu havia admirado durante anos pela TV, vivi uma experiência incrível e senti um orgulho enorme.

As gravações aconteciam no Rio de Janeiro-RJ, numa cidade cenográfica que foi construída em frente à Praia do Grumari. E a Hannah foi uma personagem linda... Ela era de uma família tradicional judaica da década de 1930, que se apaixonava por um gói (não judeu) comunista, e sofria opressão dos pais que não aceitavam o relacionamento. Proibida de sair de casa, ela fugia com o rapaz e acabava engravidando. A novela mostrava também o período em que Getúlio Vargas foi presidente do Brasil, e a liderança política do comunismo feita por Luiz Carlos Prestes.

Ter sido a Hannah, com a pureza e inocência que ela tinha, foi uma experiência abençoada, mas tudo era desafiador porque eu nunca tinha interpretado na vida, ou seja, era o primeiro papel de uma mulher que não era atriz até então, e tinha uma ignorância de causa absurda.

Entrei para a carreira artística praticamente sem ter nenhum curso na área, só aquele com o diretor Clóvis Levy que comentei em outros capítulos, mas que embora fosse de teatro, era de improviso; e o do Wolf Maya para gravações em vídeo. Tive que aprender a interpretar com a Tizuka Yamasaki, e eu confiei muito nela porque era uma pessoa premiadíssima.

No início, quem me incentivava eram meus próprios colegas de trabalho; eles começaram a ver que eu tinha talento. Agora, duas pessoas que contracenaram comigo e me ensinaram muito foram a Rosamaria Murtinho e o Tarcísio Filho — os pais dele, o Tarcísio Meira e a Glória Menezes, apesar de não trabalharem em *Kananga do Japão*, também me encorajaram bastante. Outra atriz era a Christiane Torloni que me tratava muito bem e era carinhosa comigo; tenho muito carinho por ela até hoje.

Na verdade, acho que todas as pessoas que participavam da novela, de uma forma ou de outra, incentivaram minha carreira porque viam que eu trabalhava de forma entregue, apaixonada. Agora, meus pais, tinham medo. Lembro de um conselho que minha mãe me deixou em uma entrevista à revista "Amiga", da extinta Bloch Editores:

"Minha filha, você tem que manter os pés no chão, porque sucesso é uma coisa que você pode ter hoje e depois não ter mais. É preciso estar muito consciente disso, porque se algum fracasso acontecer, você estará psicológica e emocionalmente estruturada para enfrentar."

Ela sempre me aconselhava sobre o poder e os perigos da fama, mas quando começou a assistir à novela com meu pai, passou a gostar e a ver que eu tinha talento. A partir daí os dois ficaram mais neutros em relação ao assunto, mas é claro que, quando eu precisava desabafar ou receber algum tipo de apoio, eles estavam sempre do meu lado, e ficavam orgulhosos quando alguém falava sobre a minha atuação, só não era aquela coisa de dizer:

— Nossa! Minha filha é uma atriz, agora ela trabalha na televisão! — Não existia essa euforia, eles eram realistas.

Apesar de a novela não ter tido tanta audiência, quem assistia gostava e toda a crítica especializada só falava bem do nosso trabalho. Eu ainda não tinha fãs, mas várias pessoas que me viam na rua diziam adorar a Hannah e me elogiavam; não era nada de mais, acontecia uma hora ou outra, mas me fazia muito feliz porque eu pensava:

— Gente, eu devo estar fazendo um bom trabalho, porque estão me reconhecendo e se aproximando de mim com carinho!

Cercada de profissionais muito competentes, dentre eles, os atores Sérgio Viotti, Tônia Carrero, Christiane Torloni, Raul Gazolla, Rosamaria Murtinho e a Ana Beatriz Nogueira que tinha acabado de ganhar o prêmio de Melhor Atriz no Festival de Berlim, conhecido também como Berlinale, *Kananga do Japão* me fez trabalhar com veteranos, uma diretora de cinema premiada, e ainda ter o respaldo do Jayme Monjardim que é superexperiente em teledramaturgia. Foi realmente uma experiência bárbara, e aconteceu que ganhei um dos prêmios mais importantes da televisão, o da Associação Paulista de Críticos de Arte (APCA), como Atriz Revelação, por unanimidade da bancada.

5

JUMA OLIVEIRA

Em 1989, no meio das gravações de *Kananga do Japão*, o Jayme Monjardim me chamou para fazer *Pantanal*, um projeto audacioso que seria a próxima novela da TV Manchete. A estreia aconteceu no final de março de 1990 e para que eu pudesse começar a trabalhar em outra trama, ele resolveu criar uma cena em que a Hannah morria durante o parto do segundo filho.

Para *Pantanal*, o Jayme me ofereceu uma personagem que não tinha nome, era chamada de "muda". Ela chegaria na casa da protagonista, a Juma Marruá, pedindo abrigo sem dizer nenhuma palavra, e só seria descoberto que ela falava, quando já estivesse entre o meio e o final da trama; mas quando li sobre a Juma, uma jovem que cresceu no meio da selva e que, quando se sentia incomodada, virava onça, eu me apaixonei e pensei:

— Tenho que fazer essa personagem!

Decidida, pedi o papel ao Jayme, e a resposta foi:

— Cris, pelo amor de Deus, se olha no espelho! Você toda bonequinha, tudo seu é singelo, não tem nenhuma característica da Juma. Ela precisa ser brava.

— Você não me conhece...

— Não, você não vai fazer, não vai fazer.

Eu não conseguia tirar a Juma da cabeça, mas quem estava cotada para o papel era a atriz Gloria Pires. Até que um dia viajei de novo com o André Wanderley para os Estados Unidos e, quando voltei, apertei o botão da secretária eletrônica para checar as mensagens.

— Krika... — Ouvi a voz do Carlos Magalhães, que era um dos diretores de *Pantanal*. — A sua personagem mudou. Você vai fazer a Juma! O papel da muda ficou pra atriz Andréa Richa. Não aguentei e gritei de alegria porque a protagonista já estava pronta dentro de mim. Pouco tempo depois, em dezembro de 1989, começamos as gravações numa fazenda do Pantanal.

Eu me sentia mais preparada para atuar do que quando comecei a minha primeira novela, afinal, em *Kananga do Japão*, eu entrei cem por cento virgem para o mundo da TV. Em *Pantanal*, ao menos eu já sabia como as coisas funcionavam, tinha perdido a vergonha das câmeras e adquirido um pouco de experiência.

A Juma foi criada de maneira muito natural porque, mais do que técnica, ela era sentimento; absorvi a alma dela e acho que consegui esse feito pela cabeça de menina que eu tinha. A primeira vez que vesti a roupa dela, eu entrei no mato, dividi meu cabelo ao meio, dei uma bagunçada nele e me inspirei no olhar curioso e desconfiado da minha filha Rafa que só tinha 3 anos, e acredito que tenha sido justamente essa pureza de criança que conquistou o público.

Às vezes assisto algumas cenas no YouTube e fico enlouquecida. Pra mim, a Juma é a coisa mais fofa da face da terra, uma personalidade à parte da minha, não a Cristiana Oliveira; parece que ela realmente existe. Essa personagem foi um divisor de águas na minha carreira, um marco, tanto que eu chegava a ser chamada de "Juma Oliveira" por quem me reconhecia na rua, e realmente ela "coube" em mim naquele momento, não sei se foi pela minha vontade de interpretá-la, mas eu me encaixei nela e me senti confortável fazendo o papel.

Nada me desagradou nessa nova experiência, eu era apaixonada pela história e achava tudo maravilhoso. O maior desafio que vivi, na verdade, foi pessoal. Apesar de as gravações acontecerem em um ambiente lindo, completamente natural, eu não era acostumada a ficar longe da cidade e, entre idas e vindas, eu passava muito tempo no Pantanal.

Ansiosa como sempre fui, sentia falta do meio urbano. Quando chegava um jatinho ou teco-teco na fazenda, o único meio de transporte que tínhamos, a primeira coisa que eu fazia era viajar para Campo Grande-MS e passar pelo menos um dia na capital durante a minha folga porque, na cidade, teria telefone e poderia falar com as minhas amigas e com a minha família. Se quisesse, também passearia no shopping, embora eu não conseguisse ir a lugar algum sem ser assediada, porque foi nessa época que comecei a ser conhecida de verdade. Ganhei fãs que chegavam totalmente eufóricos para conversar comigo.

O elenco e o pessoal da produção não sabiam da aprovação do público, porque como não havia gerador de eletricidade na fazenda, não assistíamos TV — dava 19h, a gente vivia à luz de velas —, só fui descobrir que estava famosa quando "voltei para a civilização". Logo na minha chegada ao aeroporto de Guarulhos, tinham muitas pessoas me esperando e, nas bancas de jornais, vi que eu era capa em mais de 15 revistas, todas comentando sobre a Juma e o sucesso de *Pantanal*.

— Gente, o que está acontecendo? — falei, estranhando a situação.

No início da fama, eu curti, mas não era uma coisa que eu tinha almejado, porque a Juma, na verdade, foi uma personagem pela qual me apaixonei e queria fazer sem me preocupar com o sucesso, só que foi um estrondo. Por praticamente um ano, enquanto a novela estava no ar, eu me tornei uma das pessoas mais famosas do Brasil. Em qualquer lugar que eu fosse virava uma enorme movimentação; no hotel que eu ficava hospedada, juntava uma multidão pra me ver.

Ficavam nove seguranças do meu lado para eu conseguir passar entre os fãs, porque eles se desesperavam quando me viam. Como nunca gostei de dizer "não", eu dava um trabalho danado para os guarda-costas, eles tentavam me defender do público e eu queria abraçar todo mundo, só que quando eu chegava perto, a galera queria arrancar minha roupa, pegar um fio do meu cabelo pra guardar de recordação... Foi um "negócio" que me deixou meio assustada.

Comecei a receber presentes de cantores e atores famosos que antes eram os meus ídolos. Um deles encheu meu apartamento de flores, mandava uma no primeiro dia, duas no segundo, três no terceiro, e assim por diante.

Meus pais, muito "pés no chão", continuavam me orientando:
— Toma cuidado, Krika, porque a fama é uma coisa passageira. Aproveite, faça seu dinheiro, guarde, mas não se envolva tanto para não se decepcionar depois.

Acho que, no meu inconsciente, sempre guardei esse conselho, por isso comecei a me afastar de quem se aproximava eufórico demais.

Trabalhei muito, ganhei bastante dinheiro, guardei uma parte, mas me deslumbrei um pouco. Se fosse hoje, com a maturidade que tenho, acho que me tornaria milionária, porque eu não parava; nas minhas folgas, sempre ia a São Paulo-SP participar de comerciais de TV e vivia viajando pelo Brasil para fazer presença VIP.

Entrei num estresse profundo porque, além das gravações que aconteciam no Pantanal, eu também fazia algumas cenas em estúdio, no Rio de Janeiro-RJ, e a gente não podia deixar de gravar de jeito nenhum.

Sempre gostei do contato humano, mas embora me desse bem com todo mundo em *Pantanal*, eu não conseguia me socializar porque o pessoal gostava de jogar baralho, beber uma cervejinha, ou um vinho à noite e, como eu não bebia nada, ia pra cama e dormia cedo. Mesmo assim vivi momentos maravilhosos... Fazíamos serestas com os peões da fazenda, enquanto o Sérgio Reis e o Almir Sater tocavam violão — foi aí que me tornei admiradora da música sertaneja de raiz.

Lidar com as pessoas simples, sem grandes ambições, que viviam no Pantanal e davam muito valor ao que estava acontecendo, foi inesquecível. Olhando para trás, eu acho que talvez tenha sido a experiência mais incrível da minha vida. Se estivesse vivendo hoje as gravações de *Pantanal* de 1990, com certeza aproveitaria muito mais.

— Krika! Um jacaré! — Foi o grito que ouvi do Sérgio Reis, durante uma tomada de cena no meio do rio. Enquanto agachava para limpar um peixe, um jacaré sentiu o cheiro e veio em minha direção para me atacar. Quando olhei para trás e vi a cabecinha do bicho, saí correndo e quase caí.

Além de contracenar com o cantor Sérgio Reis, eu também dividia elenco com Marcos Winter — que fazia o papel de Jove, meu par romântico — Cassia Kis, Marcos Palmeira, Almir Sater, Tarcísio Filho, José de Abreu, Ângela Leal, e outros atores.

O Marcos Winter sempre foi muito intelectual, absurdamente politizado, que tinha até um certo preconceito com a televisão porque, apesar de novo, 23 anos na época, ele era um ator de teatro, com formação em ótimos cursos de São Paulo. Por outro lado, eu era uma atriz fazendo TV sem nunca viver a seriedade do teatro, ou ter feito as leituras que ele fazia, aliás, eu não tinha lido nada sobre o tema, nenhum autor clássico.

Nunca houve uma desavença entre nós durante as gravações, ele era na dele, e eu era na minha. Só que o Marcos não gostava de participar de programas de auditórios porque, ao contrário de mim que sempre gostei de lidar com o público, ele não aceitava se expor. Vivíamos em *"praias diferentes"*, como ele mesmo me disse uma vez. Com o tempo, claro, isso acabou se desmistificando e hoje a gente se admira, tanto que, quando nos reencontramos em outras três novelas que fizemos juntos, foi muito bacana.

Em 1991, um ano depois de *Pantanal* ter terminado, recebi o Troféu Imprensa como Atriz Revelação. Eu me senti muito honrada porque sabia o quanto aquele reconhecimento era importante para a teledramaturgia brasileira. Inclusive, a TV Manchete me liberou para ir ao SBT receber a premiação — foi a primeira vez que fui a um programa do Silvio Santos.

Confesso que, no fundo — e sem arrogância nenhuma —, sentia que poderia ganhar, já que sabia do impacto que a Juma tinha provocado no público: todos os jornais noticiavam sobre a novela, eu tinha sido capa da *Veja* (Editora Abril) e de muitas outras revistas no Brasil inteiro. Além disso, em outros países onde *Pantanal* também tinha sido transmitida, eu havia recebido outras premiações, como aconteceu no Chile, por exemplo.

Trinta anos depois de minha atuação, em 2020, recebi um convite muito especial da ONG SOS Pantanal, que trabalha em prol de um Pantanal sustentável, para fazer uma viagem de chalana pelo Rio Paraguai e visitar várias comunidades carentes ribeirinhas, entregando cestas básicas, roupas e mudas de árvores frutíferas, além de computadores e material para duas escolas da localidade.

A chalana pertencia à Polícia Militar Ambiental do Mato Grosso do Sul (PMA) e, além de levar para a expedição uma equipe da SOS Pantanal, também transportou grupos da ONG IASB (Instituto das Águas da Serra da Bodoquena), que desenvolve projetos de educação ambiental e de preservação das Bacias dos Rios da Serra da Bodoquena; e uma equipe da Ecoa (Ecologia e Ação), ONG que promove ações de preservação, educação ambiental e comunitárias, relacionadas principalmente ao Pantanal, Bacia do Rio da Prata e Cerrado. Contamos também com um professor de direito da Universidade Federal do Mato Grosso do Sul (UFMS), uma advogada e procuradoras do direito do trabalho para oferecerem assessoria jurídica e auxiliar a população do local com acordos trabalhistas.

Cabiam 21 pessoas na chalana e estávamos em lotação máxima. Para dormir, a gente se dividia em três quartos: um para as mulheres, que eram seis; e dois para os homens, alguns deles descansavam na popa da embarcação, ao ar livre, outros dentro da sala onde fazíamos as refeições, e por isso esperavam todos dormirem para ocuparem as camas improvisadas. Fazia um calor absurdo, a ponto de suarmos mesmo sem fazer nada.

O banheiro do quarto das mulheres quebrou logo no primeiro dia, e precisamos dividir o único que restou. Eu, que bebo muita água, saía cambaleando umas três vezes na noite para ir ao banheiro do primeiro andar, sem poder acender nem uma lanterna para não atrapalhar o comandante que pilotava a chalana de madrugada — eu contava com a luz das estrelas, e na terceira noite já sabia o caminho de olho fechado.

Foram seis noites pelo Rio Paraguai. Não tinha internet ou televisão, éramos só nós em meio àquele lugar maravilhoso. Sempre depois do jantar, a gente se reunia para tomar uma cerveja e ouvir o sargento da PMA tocar violão — era um show para os passageiros e a tripulação. Debaixo daquele céu fenomenal — aliás, nunca vi um tão lindo e límpido como o do Pantanal —, ouvimos as modas do Mato Grosso do Sul e do Mato Grosso. Toda a equipe se tornou amiga, e até hoje temos nosso grupo de WhatsApp.

Cedinho, já estávamos trabalhando; a gente acordava às 5h30 da madrugada para atender a população ribeirinha e a simplicidade daqueles moradores, sofridos, mas guerreiros e cheios de esperança que encontrei, mostrou o quanto é importante olharmos para o lado, sairmos da nossa realidade para ajudar o próximo e também valorizar o que temos. Posso dizer: foi realmente emocionante ver a alegria que sentiam ao receber nossa assistência, a esperança e a gratidão que surgia nos olhos deles por serem ouvidos ao contar o que enfrentam.

— Nós não somos nem um número no Brasil — desabafavam.

Ao passar necessidade, eles se sentem esquecidos ali.

Durante as queimadas de 2020, muitas comunidades só tiveram abóbora ou mandioca para comer, além de água suja do rio para beber, pois a cidade mais próxima fica a 12 horas de barco, e o baixo nível das águas não permitiu que chegasse ajuda; além disso, a fumaça também impossibilitou que aviões pousassem na região. Dessa forma, a cada sorriso e abraço recebido, eu me sentia preenchida, via que desejava ajudar aquelas comunidades, fazer o que estivesse ao meu alcance.

Com certeza, essa experiência foi uma das mais incríveis da minha vida. Ela me permitiu, tantos anos depois de atuar em *Pantanal*, andar de chalana pela primeira vez, já que antes eu sequer tinha entrado em uma; e sentir a vibração de uma equipe unida por um único propósito: ajudar aquelas comunidades ribeirinhas que são guardiãs do nosso Pantanal. Meu coração voltou inflado de felicidade, mas também comovido por não poder fazer mais e mais àquelas pessoas. É por isso que me tornei voluntária da SOS Pantanal: irei a campo sempre que solicitarem.

REMAKE

Com a história linda que tem, *Pantanal* ganhou remake em 2022 para ser a nova novela das 9 da TV Globo. Embora a história da Juma, a alma dela, seja atemporal, a regravação faz parte de um contexto bem mais moderno. A primeira produção foi baseada no texto do escritor Benedito Ruy Barbosa, enquanto o remake foi desenvolvido pelo neto dele, o autor Bruno Luperi.

Mesmo que o público compare com a versão original, pelo motivo de *Pantanal* ainda estar na nossa memória emotiva, o remake se trata de outro trabalho, outra equipe, outra época, numa produção igualmente maravilhosa, primeiro porque o diretor, Rogério Gomes, conhecido também como Papinha, é um gênio, segundo porque existem efeitos especiais, e até onça de verdade faz parte do elenco, o que, no meu tempo, era surreal — eu, por exemplo, a única vez que vi uma onça foi 25 anos depois de interpretar a Juma, numa iniciativa de proteção a esses felinos, realizado pela ONG Onçafari em Miranda-MS, onde fiquei hospedada para participar do programa *Estrelas* da Globo, e tive a oportunidade de fazer um safári para conhecer as onças monitoradas pelo projeto.

Sou uma pessoa extremamente intuitiva, e antes mesmo de ser revelado quem seria a nova Juma, eu já sentia em meu coração que a atriz Alanis Guillen seria convidada para assumir a protagonista. Quando olhei para uma foto dela, pensei:

— É essa menina! — Eu a achei perfeita para captar a energia da Juma, não apenas fisicamente, afinal, é perceptível que a Alanis busca conhecimento e se preocupa em trabalhar a espiritualidade.

Mesmo sem ter nenhuma informação a respeito, mandei uma mensagem pra ela, disse que torcia muito para que assumisse o papel.

— Nossa, que honra saber disso! — a Alanis respondeu via Instagram.

Quando enfim foi "batido o martelo", ela me confirmou sua participação e eu admirei a sensibilidade incrível que a equipe da novela teve ao acertar nessa decisão. Ao assistir um remake, um ator se sente orgulhoso por ver outro profissional interpretar o personagem que fez tanto sucesso e marcou sua carreira no passado, mas também existe um sentimento de "propriedade" envolvido. Por essa razão, no momento em que as pessoas começaram a chamar a Alanis de "Juma" nas redes sociais, uma parte *irracional* da minha mente me disse:

— Espera aí, a Juma sou eu.

Vivi uma sensibilidade à situação, não uma tristeza ou qualquer outro sentimento negativo. Foi algo como:

— *Agora a Juma não é mais minha, mas da Alanis.* A nova geração vai chamá-la de "Juma", e a velha também, porque as pessoas vão se envolver com a história atual e talvez se esqueçam da versão original da novela.

Ainda sinto como se a Juma fosse a minha persona, minha parte, porque muitos continuam me chamando pelo nome dela. Pode ter sido um sentimento de luto que vivi, pois a personagem está há 32 anos comigo, e depois de tanto tempo juntas, talvez precisemos nos despedir.

A "ficha caiu" de verdade num final de semana que eu estava no Espírito Santo, na casa de alguns amigos, antes do remake entrar em exibição. Enquanto todo mundo dormia, decidi assistir à cena da morte da Maria Marruá, mãe da Juma, na versão de 1990. Não sei bem o que aconteceu, mas quando me vi, estava chorando sem conseguir parar. Depois de alguns dias, esse sentimento bobo, mas que considero natural, foi embora e, como já comentei com todo carinho para a própria Alanis:

— A Juma agora é tua, faz dela o que você quiser.

Um pouco antes de as gravações do remake começarem, a Rede Globo me convidou, junto com os atores Marcos Palmeira, Paulo Gorgulho, e o cantor Almir Sater — que também participaram da versão de 1990 — para uma reunião online com a nova equipe de *Pantanal*. O encontro aconteceu como uma "entrega de bastão", para que pudéssemos trocar experiências com o novo elenco e a direção.

Foi tão nostálgico que até engasguei de tanto chorar com o Marquinhos, o Paulo e o Almir.

— *Pantanal* agora é de vocês — dissemos à nova equipe.

Eu nem imaginava que as emoções não parariam por ali... Depois de um tempo, a produção do *Globo Repórter* me chamou para uma reportagem especial sobre o remake, com a proposta de filmar o *primeiro* encontro da Juma de 1990 com a de 2022.

A Alanis e eu ficamos em camarins separados, e antes das gravações, tive a oportunidade de conhecer também o ator Jesuíta Barbosa, intérprete do Jove — uma graça de menino que achei a cara do personagem Joventino mesmo. Quando chegou a hora, entrei para gravar a reportagem no cenário da tapera da Juma. Ao ver a Alanis ali, e pessoalmente pela primeira vez, meus olhos se encheram de água.

— Meu Deus, sou eu em 1990 — falei para mim mesma, com o coração transbordando, sentindo uma coisa por dentro que nem sei explicar.

Emocionadas, nós nos abraçamos, e ela me mostrou a casa da Juma, montada em frente a um painel fotográfico que reproduz fielmente a paisagem do Pantanal. Fiquei encantada porque na minha época essa tecnologia não existia, e toda a equipe precisou realmente ir ao Mato Grosso do Sul para gravar a novela.

Depois de finalizarmos a matéria para o *Globo Repórter*, e fazermos algumas fotos juntas, nós duas conversamos até de madrugada no restaurante do hotel em que ela estava hospedada, no Rio. A experiência foi inesquecível porque, cada vez que eu olhava pra Alanis, via a Juma, ali, pronta, sem precisar fazer mais nada, e tinha ainda mais certeza de que ela faria uma Juma maravilhosa, do jeito dela... E nessa noite, também soube que, do lado de cá, eu sempre torceria pelo remake e me emocionaria com cada nova cena até o último dia da minha vida.

6

NUA NA JAMAICA

Foi no ano de 1990, depois de quatro anos casados, que eu e o André nos separamos. Nosso relacionamento era ótimo, a gente se dava muito bem, ele sempre me tratou da melhor forma possível, mas não deu para continuarmos juntos, chegamos à conclusão de que estávamos em momentos diferentes da nossa vida.

Meus pais ficaram bem chateados, porque eram completamente contra divórcios, mas quando perceberam que a gente resolveu tudo de forma amigável, aceitaram, afinal, era a nossa vida, não a deles.

Por um tempo, criei a Rafaella sozinha, mas como era o meu momento de construir uma vida profissional e ganhar dinheiro, precisava viajar demais. Além disso, a separação aconteceu quando meu apartamento estava em reforma e a TV Manchete alugou um quarto de hotel em Copacabana para que eu morasse até que tudo terminasse. Ou seja, eu não tinha um espaço ideal para criar a minha filha.

Foi aí que, com 4 anos, a Rafaella foi morar com o pai e com a madrasta, a atriz Isabela Garcia, que estava com o André na época, e tinha o João com quase a mesma idade da Rafa; os dois foram criados praticamente juntos. Graças a Deus, a Isabela foi uma pessoa maravilhosa em nossa vida, tanto que minha filha tem um amor muito grande por ela até hoje.

A gente se via todos os finais de semana, mas foi uma fase muito dolorosa pra Rafa porque, infelizmente, acabei sendo uma mãe ausente. Apesar de ter 26 anos, eu era muito infantil e imatura, não sabia dividir a maternidade com o meu lado profissional. Se fosse hoje e eu tivesse um filho pequeno, conseguiria administrar.

Um ano depois ela voltou a morar comigo. Contratei uma babá para me ajudar, mas passei a ficar mais tempo com ela também, e o André foi muito presente em todas as fases da vida dela, nem existiu algo como "você tem que buscar ela de 15 em 15 dias"; ele via a Rafa quando queria.

Mesmo com o divórcio, continuei trabalhando com ele, porque além de nunca rompermos nossa amizade, ele era o meu fotógrafo eleito. Até hoje a Rafaella me fala o quanto foi importante pra ela nunca ter acontecido algo de ruim entre mim e o pai dela.

Dois anos depois da separação, atuei em mais uma novela da TV Manchete, a *Amazônia*. Foi quando percebi que a Juma tinha ficado no consciente coletivo do público, pois, no início, as pessoas me convidavam para trabalhar pensando muito nela e, também, tudo o que eu fazia gerava uma certa negação, como aconteceu na própria *Amazônia*. Fiz uma vilã que foi rejeitada pelos poucos telespectadores que assistiam à novela, pois, embora a minha personagem fosse muito interessante, ela atrapalhava o casal de mocinhos da história, interpretados por Marcos Palmeira e Julia Lemmertz.

Minha personagem se chamava Camille e era bastante dramática, uma dançarina e prostituta de altíssimo luxo da França que, no início da trama, resolvia se encontrar com uma tia em Manaus, onde começava sua vida como cortesã. Eu precisava de técnica e um estudo detalhado para conseguir interpretá-la, coisa que não existia naquela época, pois os atores não recebiam toda preparação que é dada hoje com *workshops* e outros treinamentos antes de começarmos um trabalho. Vivíamos algo como:

— Esse é o seu personagem, leia o texto e o interprete.

Foi nesse papel que, pela primeira vez, encontrei a minha inexperiência, porque, de uma certa forma, a Camille era teatral, e eu sentia que ainda não tinha estofo para interpretá-la. Até então só tinha atuado em papéis que usavam um pouco da minha própria natureza, ou seja, era a Cristiana vivendo do jeito dela dentro de outro universo. Não me sentia nem um pouco confortável nesse trabalho, mas, mesmo assim, gravei até o último capítulo.

Outros desafios existiram. A história acontecia em dois períodos diferentes: a primeira parte da novela retratava o século 19 e, a segunda, trazia uma ideia futurista, mostrando o Brasil nos anos 2000. Acontece que o enredo contextualizado no passado teve uma aceitação melhor do público, pois muitas coisas não eram críveis quando se mostrava o futuro. Se ela fosse transmitida agora, poderia ser que muita coisa se equiparasse com o que vivemos hoje, principalmente a questão da exploração e devastação da Amazônia que era retratada nas cenas, mas, naquele momento, o tema não gerou interesse.

Com esses desencontros, foi pedido para que outro autor escrevesse a segunda parte da novela e, dessa vez, baseada na trama que se passava no século 19, porque era a que mais fazia sucesso. A direção também mudou: no começo era do Jayme Monjardim, depois foi dos diretores Marcelo de Barreto, Carlos Magalhães e José Joffily; e a direção-geral passou a ser da Tizuka Yamasaki.

Com o fim de *Amazônia*, recebi oito propostas para trabalhar na TV Globo, só que recusei todas. Eu era muito fiel à TV Manchete, como sou até hoje no sentido de vestir a camisa de quem me dá oportunidades na vida, porém, algumas pessoas que trabalhavam comigo, e sabiam dos planos da emissora, disseram pra mim:

— Se você está recebendo uma proposta da Globo, acho que vale a pena dar ouvidos a ela. Claro que a gente quer que você continue aqui na Manchete, mas ainda não temos nenhuma previsão de quando te chamaremos para outras novelas.

Depois de ouvir aquele conselho, o que atraiu a minha atenção foi um trabalho do diretor Carlos Manga, a minissérie *Agosto*, do autor Rubem Fonseca, que se passaria em 1993. Eu já tinha vivido uma experiência muito bem-sucedida ao lado do Manga, num projeto de publicidade. Por essa razão, além de me interessar pela história, por ser baseada num livro que eu já tinha lido e gostado muito, quando ele me ligou pra fazer *Agosto*, pensei:

— Dessa vez eu vou! Acho que vai ser um projeto muito bacana porque o Manga é um superdiretor e só vai ter atores maravilhosos no elenco.

Nesse meio tempo, a autora Gloria Perez estava escrevendo a novela *De corpo e alma* e vislumbrou o papel da protagonista, Paloma, como sendo o meu. Era uma moça com sérios problemas cardíacos que só sobreviveria se recebesse o coração de outra pessoa, no caso, da personagem interpretada pela atriz Bruna Lombardi.

Seria uma história de amor que trataria da importância do transplante de órgãos no Brasil, ou seja, a primeira vez que essa questão seria levantada numa emissora de TV. Além da importância do tema, também me chamou a atenção o fato de que eu só trabalharia com atores que admirava profundamente, como o Tarcísio Meira, que faria meu par romântico. Com isso, acabei não participando de *Agosto* e indo trabalhar em *De corpo e alma* em 1992.

O ritmo de gravação, e até a construção dos personagens na Globo, eram bem diferentes do que eu estava acostumada. Não tive muito tempo para me preparar e "caí", de repente, numa televisão que chegava a gravar 50 cenas por dia, num ritmo frenético que eu tinha dificuldade de acompanhar. Chegou num determinado momento da novela que a Gloria Perez resolveu me chamar na casa dela e me orientar:

— Olha, Krika, acho que está acontecendo alguma coisa com você... — ela me disse. — Eu entendo que o ritmo da TV Manchete é diferente do da Globo, por isso vou te passar o contato de uma atriz que já trabalhei em outras novelas e que pode te ajudar, a Bibi Ferreira.

As aulas com a Bibi foram o início de tudo pra mim, porque até aquele momento eu não tinha técnica nenhuma. Olhando pra trás, consigo avaliar: faltava uma certa energia na interpretação da Paloma, algo que me deixasse mais viva, e passasse emoção para o público.

Lembro de ter sido criticada por uma atriz veterana. Ela disse para uma revista formadora de opinião na época, que a protagonista de *Corpo e alma* deveria ser interpretada por uma profissional experiente, não por mim, que era tão novata. Fiquei muito triste, e a atriz Daniella Perez se sentou ao meu lado e me disse palavras de incentivo e conforto. Ela era minha irmã na ficção com a personagem Yasmin e, na vida real, minha confidente, meu ombro amigo num momento de insegurança profissional, já que se tratava da minha primeira novela na TV Globo.

Filha da autora Gloria Perez, a Dani era uma princesa, doce, mas, ao mesmo tempo, cheia de personalidade. Viramos "irmãs" durante as gravações, porém, não tínhamos muito tempo para encontros fora do estúdio porque gravávamos demais; a Paloma exigia horas e horas em frente às câmeras, e a Yasmim, que fazia o maior sucesso, também.

Naquele 28 de dezembro de 1992, quando o Brasil receberia a notícia de que a Dani tinha sido brutal e covardemente assassinada, deixei os estúdios de *Corpo e alma* enquanto ela ainda gravaria mais uma cena, sem sequer imaginar que seria a última vez que daria um beijo na testa da minha irmãzinha, como todos os dias eu fazia ao me despedir dela depois das gravações. À 1h da madrugada meu telefone tocou; era meu amigo e produtor Nilson Raman, perguntando se eu sabia onde a Dani estava, pois não tinha ido ao ensaio da peça que ela apresentaria com o marido, o ator Raul Gazolla. Eu não sabia...

O final dessa história, todos conhecem... Até hoje é um crime que nos abala. A saudade existe e sempre vai existir, mas procuro me lembrar dela sorrindo, dançando, e linda, como sempre era.

Em paralelo com minha atuação em *De corpo e alma*, outra oportunidade que me fez evoluir bastante, foi o convite para participar da peça *Bate outra vez*, da autora Ana Maria

Nunes, com direção de Eduardo Wotzik e produção de Marcus Montenegro e Nilson Raman.

O espetáculo contava a história de um casal que ficava por oito dias no quarto, e ali se passavam todos os questionamentos do relacionamento a dois, da convivência, conflitos e tudo mais, em que eu encenaria com o ator Fábio Assunção que era — e ainda é — um "cara" muito culto e que tem uma visão diferente de mundo. Sempre ligado ao teatro, ele começou a trabalhar em peças ainda muito jovem, por isso já tinha outra visão dessa arte, diferente de mim que vivia minha primeira experiência teatral naquele momento.

Em seguida, ainda com a direção do Wotzik, atuei em *Troia*, como Helena, uma tragédia grega baseada na história *As troianas*, de Eurípedes. Foi um mergulho muito bacana nesse universo, li todos os livros que tinham a ver com o tema e me apaixonei por mitologia. A gente se apresentava no Centro Cultural do Banco do Brasil, na cidade do Rio de Janeiro-RJ. Precisei fazer um trabalho tanto corporal quanto vocal bastante desafiador para a peça e recebi muitas críticas positivas a respeito da minha atuação.

Com essas experiências, e principalmente, a partir dos ensinamentos do Eduardo Wotzik, que me ensinou técnicas teatrais, trabalhou minha voz, meu corpo e minha respiração, comecei a procurar por cursos que me ajudassem na área. O resultado foi que melhorei significativamente minha interpretação e finalmente a Paloma cresceu em *De corpo e alma*. Desde aquele tempo, embora não tenha feito faculdade de artes cênicas, nunca mais larguei o estudo do ofício de atriz, porque sou uma curiosa e apaixonada pela área.

Por isso, posso dizer que o teatro me mudou da água para o vinho, o palco me fez sentir mais preparada como atriz. Não deixei de ter a minha própria sensibilidade, mas tudo passou a fluir melhor e mais verdadeiro, porque conheci técnicas que sustentavam meu dia a dia na televisão, tornando-me capaz de fazer todos os tipos de personagens, com suas nuances e detalhes.

Realmente, o melhor caminho para quem quer seguir carreira artística é começar pelo teatro para só depois atuar em frente às câmeras. É preferível pecar pelo excesso de interpretação, e diminuir o ritmo aos poucos até se adaptar à linguagem televisiva, do que ser muito minimalista, muito você mesmo. Se fizer o contrário disso, vai ter o mesmo problema que eu, e outros atores que começaram pela TV, tiveram: a repetição. Quando não temos técnica, somos sempre a mesma personagem, só se muda de nome e, talvez, de humor. Existem raríssimas exceções, como a atriz Gloria Pires, que nunca fez teatro na vida, e a Malu Mader, que pouco atuou em peças, só que são ótimas atrizes de televisão, ou seja, a *grosso modo*, isso não acontece.

Não foi só o meu lado profissional que se transformou durante as gravações de *De corpo e alma*, também vivi uma conquista pessoal: aos 27 anos, parei de fumar depois de um esporro do diretor Roberto Talma e de ouvir um conselho do ator Victor Fasano.

No dia que gravamos o primeiro capítulo da novela, em Maringá-PR, o Victor e eu precisamos fazer uma cena que mostrasse como se nossos personagens tivessem sido criados juntos. Primeiro apareciam duas crianças, um menino e uma menina, correndo num trigal; depois dois adolescentes, uma garota e um garoto; e, em seguida, a gente. A filmagem seria feita a partir de um helicóptero que nos sobrevoaria gravando a cena. Só que corri 20 metros, não aguentei de cansaço e caí sentada. Foi então que o diretor Roberto Talma mandou o helicóptero pousar e me deu a maior bronca:

— Com essa idade você já está assim? Você tem que parar de fumar, pôxa! Eu já tive problema cardíaco por causa do cigarro e parei... Vou passar o contato do meu cardiologista... — Ele ficou superpreocupado.

Quando voltei para o hotel que o elenco e a produção estava hospedada, o Victor reforçou:

— Pare de fumar, Cris. Isso é horrível, está te fazendo mal e você é muito nova.

Depois de todo esse alvoroço, não teve jeito, eu parei.

Antigamente a gente achava o máximo mostrar que estava fumando. Eu era muito jovem quando comecei, isso me fazia sentir poderosa, já que todas as minhas amigas faziam o mesmo. De tão poucas informações, esse costume era comum nos anos 1970, todas as mulheres fumavam e a gente achava chique usar piteira.

No início, eu roubava cigarro do Victor, meu irmão mais velho, porque meus pais não sabiam. Até que, com 15 anos, num dia que estava fumando na varanda, ouvi minha mãe chegar e joguei o cigarro fora.

— Oh, filha, não desperdiça cigarro, não — ela me disse.
— Se quiser fumar, prefiro que você faça na minha frente. — Eugênia nunca teve esse vício, mas meu pai fumava demais.

É... 1992 realmente me trouxe experiências muito marcantes. Nesse mesmo ano, ainda fui convidada para posar nua na *Playboy*. Era raríssimo uma atriz recusar esse convite e, no meu caso, não foi diferente. Várias colegas que eu admirava, não só pela beleza, mas também pelo trabalho que realizavam, já tinham posado nuas, e elas eram pessoas de prestígio, com história, por esse motivo a minha decisão não foi difícil de ser tomada. Além disso, eu tinha sido obesa anos atrás e, de repente, estava num corpo legal que gostava. Achei que o momento era oportuno para viver essa experiência.

A *Playboy* me deu toda liberdade para escolher as fotos que seriam publicadas, o fotógrafo que faria meu ensaio e onde aconteceria. Optei pela Jamaica, no Caribe, que é um lugar paradisíaco. Passei uma semana por lá sendo fotografada pelo J.R. Duran, que já tinha trabalhado comigo nos tempos em que eu era modelo.

Apesar de ter aparecido nua em *Kananga do Japão* e *Pantanal*, aquela seria uma exposição totalmente diferente do meu corpo, eu sabia quem eram os leitores da revista, que existiria sensualidade e até um estímulo da libido masculina. Claro que isso me travava no começo; nos dois primeiros dias senti uma certa estranheza e inibição, só que, no terceiro, eu me adaptei e fui na onda, deixei fluir.

Meus seios e todo o meu corpo eram cem por cento natural, eu não tinha plástica em nada, e estava com uma autoestima muito boa porque me sentia amada pelo Brasil. Acho que isso colaborou para que eu ficasse à vontade. Tudo foi incrível, um ensaio que é lembrado até hoje.

Depois que a edição saiu e a nudez se tornou pública, eu me senti um pouco envergonhada, porque fiquei suscetível às brincadeirinhas que tinham um certo desrespeito masculino, aquela coisa de "mulher direita não posa para a *Playboy*. O machismo ainda era muito presente — e é até hoje, mas, naquela época, ainda mais, não existiam as conquistas femininas, o direito de expor o corpo do jeito que se quer e ser dona de si.

A minha mãe e o meu pai, então... nossa! Eles rejeitaram a ideia desde que aceitei o convite até quando o ensaio foi publicado, e nunca quiseram ver as fotos.

— Não admito que uma filha minha pose pelada! — me diziam. — Isso é um absurdo! O que os outros vão falar?!

Meu pai deve ter recebido alguns comentários bobos de amigos, ou de algum conhecido, e provavelmente se sentido desrespeitado, mas eu tinha minha própria vida, casa e independência, estava com quase 28 anos e ele não podia me impedir. Só que respeitei a opinião dele e da minha mãe, convivi com aquilo até o assunto parar de ser comentado.

Apesar de estar muito bem com meu corpo e de ter uma autoestima superequilibrada, se recebesse o mesmo convite hoje, eu não aceitaria, ou, talvez, no máximo, faria um ensaio sensual. Sou feliz do jeito que sou, mesmo não sendo a mesma de 20 ou 30 anos atrás, e não faço comparações. Acho que cada idade tem o seu corpo, mas a fase de posar nua tinha que ter sido aquela, e foi. Agora acabou.

Eu namorava o ator Fábio Assunção. Ele sempre teve uma cabeça "aberta", moderna, por isso reagiu de uma forma muito bacana ao ensaio, até me escreveu um texto lindo que foi pu-

blicado com as fotos na *Playboy*. A gente se falava por telefone enquanto eu estava na Jamaica e ele me dizia:
— Como é que está aí? Como é o lugar? Como você está se sentindo?
Ele me deu incentivo total e teve ciúme zero, vibrava comigo em tudo.
Nós nos conhecemos através de uma amiga em comum, chamada Marcela Muniz. Começamos a conversar em 1991 e começamos a namorar. Moramos juntos por três anos, primeiro num apart-hotel que ficava no Leblon, e depois no meu apartamento na Gávea. Foi um relacionamento muito gostoso que valeu a pena enquanto durou.
E em 1994, surgiu a Marialva em minha carreira, com a minissérie *Memorial de Maria Moura*, que a Globo transmitiu de maio a junho daquele ano. Ela tinha uma história linda, de uma pureza incomparável. Busquei um sentimento de doçura e desconhecimento da vida na cidade grande para dar a ela, já que era uma moça virgem, ingênua e "presa" nas terras onde a família morava.
De família muito pobre, a Marialva vivia com dois irmãos xucros e uma tia autoritária. Um dia, conhecia Valentim, um artista circense que, passando por sua casa, pedia um pedaço de pão; ele se encantava pela moça e, ela, loucamente apaixonada, fugia com o rapaz para viver uma vida no circo.
Para fazer a personagem, precisei usar lentes de contato, porque o Valentim, que era interpretado pelo ator Jackson Antunes, chamava a Marialva de "Olhos Verdes". Participei também de algumas aulas de circo, mas, no final, não precisei fazer nenhuma cena relacionada ao curso; e apesar de morrer de medo de cavalo, aprendi a montar com as pernas de lado — já que a história se passava no século 19, período em que as mulheres usavam saias e vestidos longos. No entanto, apesar dos treinamentos, acabei me acidentando nas últimas gravações.
A queda aconteceu em uma cena de conflitos por terras, em que eu montava o mesmo cavalo que o Jackson Antunes. Havia tiros e o animal se assustou, empinou, e me derrubou. Os dois

caíram em cima de mim e, com todo o peso sobre o meu corpo, sofri uma fissura na bacia.

Graças a Deus não precisei ser internada, mas o tratamento me deixou dois meses de cama, e o pouco que andava era com ajuda de muleta. Sentia muita dor e usava uma almofada ortopédica para ficar sentada. Com isso, as cenas finais da minha personagem, infelizmente, precisaram ser cortadas do roteiro.

Contracenei com Gloria Pires, Kadu Moliterno, Bia Seidl, Chico Diaz, Marcos Palmeira, Luís Carlos Arutin, Renata Fronzi e muitos outros atores. Além das gravações em estúdios, filmamos nas cidades de Nova Friburgo e Campos dos Goytacazes, no estado do Rio de Janeiro, e em Tiradentes, interior de Minas Gerais.

Meu próximo trabalho naquele ano foi em *Quatro por quatro*. Para essa novela, a Globo me ofereceu uma personagem cômica, a Tatiana Tarantino. Ela foi um grande desafio para mim porque eu nunca tinha feito nada parecido na vida. Aproveitei de algumas técnicas vocais de comédia, como ritmo de fala, que tinha aprendido com o diretor Eduardo Wotzik, na peça *Bate outra vez*, mas ainda assim precisei usar um pouco da minha intuição. Na verdade, até mesmo sem perceber, sempre tem um jeito próprio que o ator coloca nos personagens, como se fosse a alma dele, a alma da Cristiana, no meu caso.

Não é nada legal quando precisamos nos esforçar para parecer cômico, a graça tem que existir no próprio contexto das cenas e, em *Quatro por quatro*, o texto do autor Carlos Lombardi era de muita qualidade, porque as situações vividas pela personagem já eram engraçadas por si só, e valorizavam a história. Isso me ajudou a interpretar a Tatiana da forma mais verdadeira possível.

Trabalhei com as atrizes Elizabeth Savalla, Letícia Spiller e Betty Lago. Éramos protagonistas da trama, fazíamos quatro amigas com histórias diferentes, e o meu par romântico era o ator Humberto Martins.

As primeiras cenas mostravam a Tatiana como uma mulher que, sem autoestima e muito insegura, não sabia se arrumar para valorizar a própria beleza. Ela usava óculos desproporcionais para o seu tamanho de rosto, não era vaidosa com os cabelos, nem com as roupas que usava. Precisei me enfear para fazer o papel, o que não me incomodou absolutamente nada, porque a história da Tatiana era linda. Com o passar dos capítulos, a autoestima da personagem floresceu, e ela foi se tornando maravilhosa.

Em algumas gravações eu precisaria dirigir um fusca sem nunca ter tirado carta na vida, e sempre tive pânico de pegar num volante. Fiz algumas aulas na autoescola, só que não teve jeito, a produção precisou usar dublês. Todas as vezes que a Tatiana precisava dirigir, eu montava no carro e só fingia que estava movimentando o volante e trocando de marcha; quando não dava, eu gravava com carro automático, porque só teria que acelerar e frear, mas mesmo assim andava muito pouco, num circuito pequeno, e com pessoas me acompanhando para garantir a minha segurança e de quem estava por perto. Um barato!

Adoro interpretar personagens que sejam diferentes de mim e do meu universo. A Tatiana me fez atrair muitas mulheres que eram tímidas, mas, ao mesmo tempo, engraçadas como ela. Através de cartas, as fãs diziam que se identificavam exatamente por causa do jeito doce e inocente dela.

A Tatiana realmente tinha um coração e uma alma linda que nos provocava certa pena, e uma vontade imensa de torcer por ela. Eu mesma, quando me torno espectadora para relembrar esse período da minha vida depois de 28 anos, vibro pela personagem quando me vejo atuando, e morro de rir do jeito dela.

Posso dizer que minha carreira me deu papéis incríveis, e diferentes uns dos outros. Sempre tive muita sorte nesse sentido, porque todas as personagens que me ofereciam despertavam a minha empatia. Desde que sejam desafiadores, não existe um tipo de papel que eu prefira interpretar, principalmente agora, depois de anos como atriz, gosto daqueles que exijam um longo tempo de pesquisa e estudo.

As gravações de *Quatro por quatro* terminaram, e mesmo estando contratada pela Globo e recebendo meu salário normalmente, a emissora não tinha previsão de quando me chamaria para outra novela. Junto a isso, recentemente eu tinha vivido meu primeiro término de namoro com o Marcos Sampaio, que um tempo depois seria o pai da minha filha Antônia, então achei que estava diante de uma ótima oportunidade para tirar velhos planos do papel: passar alguns meses em Nova York e aprimorar meu inglês.

Era o ano de 1995, e a minha filha Rafaella, que estava com 7 anos, pôde ficar com o pai dela para que eu me dedicasse completamente ao estudo do idioma. Fiquei hospedada na casa de dois grandes amigos, a Rose e o Hélio, que tinham se mudado para os Estados Unidos depois de se casarem. Ela era modelo e nós nos conhecíamos desde os 20 anos.

— Posso ficar num hotel — eu disse —, mas adoraria ficar com vocês...

E eles também amaram a ideia.

Por um mês inteiro a minha vida foi estudar. De manhã eu participava de aulas em grupo numa escola internacional de idiomas, depois saía para almoçar e voltava à tarde para ter aulas particulares.

Aproveitando que eu estava em Nova York, a minha irmã Marió comentou sobre um amigo que era correspondente internacional e morava por lá:

— Krika, por que você não aproveita pra conhecer o Paulo Henrique Amorim?

Amei a sugestão e marquei um almoço. Em pouco tempo, a gente se tornou grandes amigos. Até que entre uma conversa e outra, ele me disse:

— Cris, já pensou em trabalhar no cinema internacional? Você tem uma carreira incrível no Brasil, é conhecida, tem um vasto material de imprensa para usar a seu favor, é linda e ainda tem 32 anos... dá tempo.

— Nossa! Será? Eu não tenho a menor ideia de como fazer isso.

— Ah! Tenho muitos contatos por aqui... Vou tentar descobrir alguém que possa te encaminhar e, enquanto isso, você vai providenciando um material que mostre o seu trabalho.

— Então depois que eu terminar o curso de inglês, volto pro Brasil e monto um videobook da minha carreira...

— É besteira voltar, Krika. Você não tem nenhuma fita cassete que mostre seu trabalho?

— Isso eu tenho...

— Peça pra alguém mandar pelo correio.

Quando o material atravessou as fronteiras e chegou em minhas mãos, contratei uma pessoa para editar meus vídeos, reunir matérias da imprensa e algumas cenas das novelas que eu tinha feito. Por incrível que pareça, antes da viagem, eu havia gravado um curta-metragem em inglês, e isso me ajudou bastante.

Ao mesmo tempo, o Paulo conseguiu entrar em contato com um empresário de grandes atletas mundiais, e perguntar se ele conhecia alguém que pudesse me ajudar. Superatencioso, ele indicou a agência ICM que, naquela época, era considerada a segunda maior do mundo, e ainda o colocou em contato com o vice-presidente, Peter, que, uma semana depois, ligou para meu amigo dizendo:

— Gostei muito dela! Quero que ela venha para Los Angeles.

7
DE TATIANA TARANTINO A HOLLYWOOD

Eu só conseguia pensar: "*Meu Deus do céu, o vice-presidente de uma agência enorme quer que eu vá para Los Angeles*". Arrumei minhas malas o quanto antes e corri para lá.

Fui apresentada a duas empresárias, uma americana e uma espanhola que me lembro do nome até hoje: Lourdes Dias. Ela agenciava o diretor Hector Babenco, e também o Fábio Barreto, que tinha dirigido *O quatrilho*, indicado ao Oscar como Melhor Filme Estrangeiro em 1996.

Conversando com o Peter, vice-presidente, ele me orientou dizer que era dois anos mais nova, caso contrário, iam me considerar velha para começar uma carreira internacional. *Eram só 2 anos de diferença, mas... ok, passei a falar que tinha 30.*

Com essa oportunidade, percebi que ficaria por um bom tempo em Los Angeles, por isso busquei a Rafaella no Brasil para que ela morasse comigo e aluguei um apartamento. Para minha surpresa, em pouco tempo que estávamos estabilizadas em Los Angeles, fui procurada pela Lourdes Dias de novo:

— Oi, Cristiana. Você conhece o ator Steven Seagal? Marcamos um teste pra você amanhã, com ele. Se tudo der certo, você vai ser o par romântico dele num filme.

— Amanhã? Amanhã é sábado...

— Sim... É que vai ser na casa dele.

"Ave Maria", falei comigo mesma, sem acreditar. *"Vou fazer um casting na casa do Steven Seagal!"*. Porém, apesar da empolgação, encarei a oportunidade "apenas" como uma experiência", porque dei uma intelectualizada nos meus planos, queria fazer filmes internacionais que não tivessem uma "pegada" popular. *"Piração" da minha cabeça.*

Minutos antes de bater na casa do Steven Seagal, fiquei no estacionamento treinando minhas falas com a ajuda de um ator americano que tinha conhecido em Los Angeles. Quando me senti pronta, toquei a campainha.

Uma jovem linda, de cabelo extremamente liso e loiro, veio nos atender. E, dali a pouco vi um homem enorme, de 1,80 m de altura, bem a caráter usando um kimono japonês. Com uma voz calma, baixinha, que eu mal conseguia ouvir, Steven finalmente me chamou:

— Vamos para o meu gabinete.

Ali começamos a "bater" o texto, que é quando interpretamos as falas dos personagens. Acontece que eu já tinha feito duas peças de teatro que haviam me deixado bem viva, com uma voz potente, e ele, por outro lado, usava um tom quase que monocórdio.

— Cristiana, você é uma boa atriz — comentou. — A única coisa que precisa é de uma *coach* de voz que te ensine a musicalidade do inglês americano. Vou te dar o contato da Julie Adams que foi professora do Mel Gibson no filme *Coração valente*.

Comecei as aulas logo na segunda-feira, e a Julia ficou impressionada com a minha atuação.

— Você é uma ótima atriz! — ela me disse.

Sabe como é, né? Fiquei "me sentindo" com aquele reconhecimento... No entanto, não tinha expectativa nenhuma de ser chamada outra vez para o teste, só que, quando eu menos esperava, na sexta-feira daquela mesma semana, meu telefone tocou. Era a agência ICM:

— O Steven gostou muito de você e quer te apresentar ao diretor do filme.

Aí vivi o meu momento "tiete", porque a entrevista com ele aconteceu em um grande estúdio de Hollywood e aproveitei para conhecer cenários incríveis num daqueles típicos carrinhos de bastidores. Encantada demais com tudo aquilo, eu me sentia uma boba, cheia de orgulho, pensando:
— Meu Deus! Estou em Hollywood fazendo *casting* com um ator que é muito conhecido.

O Steve adorou a minha participação e comentou que meu inglês havia melhorado bastante; no entanto, eu concorria com outras atrizes e, no final das contas, eles escolheram uma americana.

Dias depois fui chamada para outros dois testes. Se passasse, trabalharia numa produção do ator Adam Sandler, e num filme do diretor Spike Lee, mas, apesar de ter sido muito elogiada, também não passei.

— Leva tempo para conquistar qualquer papel em Hollywood, Cris — ouvi muitos profissionais dizerem.

Mesmo assim, a agência ICM não desistia:

— Vão fazer o filme *A máscara do Zorro*, com o diretor Robert Rodriguez. — Seria a mesma direção de *A balada do pistoleiro* (1995), com os atores Antonio Banderas e Salma Hayek.

— Inscrevemos você no teste.

Por curiosidade, comecei a ler *Rebel Without a Crew* que narra o início da carreira de Robert Rodriguez como cineasta, e fiquei fascinada pela história. Ele morava no México quando decidiu fazer o filme, *El Mariachi* (1992) e, por falta de recursos para investir na produção, resolveu se inscrever como cobaia em um teste de medicamento que renderia 2 mil dólares para ele. Mesmo sendo pouca grana, ele conseguiu gravar o filme e a produção foi parar nas mãos de grandes diretores de Hollywood que adoraram o trabalho, e o convidaram para regravar o longa. A partir disso, Robert começou a ser visto como um profissional inovador e foi convidado para dirigir "A máscara do Zorro" (1998), o mesmo que a ICM me convidou para participar do *casting*.

Assim que recebi o texto da minha personagem, comecei um novo trabalho com a *coach* de voz, dessa vez fazendo todo o processo inverso, porque Hollywood queria uma mulher que falasse inglês com sotaque hispânico. Dos testes que tinha participado, esse foi o primeiro que me fez pensar:

— Quero fazer esse filme!

Fiquei superansiosa esperando por uma ligação positiva e *nada*... Vinte dias depois já tinha perdido as esperanças, mas ligava apreensiva para minha agente e a resposta era sempre a mesma:

— Cris, ainda não resolveram nada.

Apelei até para superstição. Escrevi em um monte de papeizinhos *"vou fazer esse filme, vou fazer esse filme"*, coloquei dentro de uma caixa e fiz várias orações:

— Deus, por favor, me deixe fazer *A máscara do Zorro*. Imagina trabalhar com o Antonio Banderas? Vai ser uma experiência incrível pra minha vida!

Na espera de uma boa notícia, o vice-presidente da ICM me ligou, só que por outro motivo:

— Cristiana, vai ter uma festa que gostaria muito que você fosse... O *American Movie Institute* vai celebrar os 40 anos de profissão do ator Clint Eastwood, num hotel de Los Angeles. Inclusive, escalaria meu assistente pra te acompanhar. Topa?

— Mas é claro que sim!

Sem pensar duas vezes, saí para comprar um vestido e agendar uma escova no cabelo. Rapidinho, estava pronta e de volta ao apartamento. Pouco tempo depois, ouvi o interfone tocar. Atendi. Alguém me disse que um carro tinha vindo me buscar. Cheguei na calçada e quase não acreditei: tinha uma limusine preta, Rolls-Royce, à minha espera. Uma limusine! Eu nunca tinha entrado numa limusine antes! Corri chamar a Rafa pra conhecer o carro enorme que me esperava.

— Meu Deus do céu, "cara"! Que coisa legal! — eu pensava, achando o máximo o que estava vivendo.

Champanhe, água, sucos... Tudo estava à minha disposição dentro do Rolls-Royce, e escolhi um refrigerante porque não tomava bebida alcoólica.

Ao chegar na festa, vi um tapete vermelho com fotógrafos dos dois lados, igualzinho àquelas cenas de premiação do Oscar. Eu teria que passar por ali e estava morrendo de vergonha. Enquanto isso, passavam só atores que estavam no auge do sucesso: Julia Roberts, Jim Carrey, Rene Russo, Kevin Spacey...

— Meu pai... E eu? Agora vou ter que passar nessa "porra"? Sou desconhecida aqui... — Virei para o assistente da ICM que me acompanhava e perguntei: — O que faço?

— Entre como se você fosse a maior estrela de Hollywood!

Se é assim, "bora"! Fui com meu cabelão todo liso, preto e me sentindo uma estrela de verdade. Ninguém sabia o meu nome, mas era um tal de flash aqui, flash ali, que comecei a posar como se tivesse acabado de sair de um filme hollywoodiano.

Quando entrei no salão, na mesa da minha frente estava a Julia Roberts e, na da direita, Kevin Spacey. Eu não sabia se tremia, se pedia para tirar foto, ou sei lá o quê...

— Cristiana, aja normalmente. — Falei para mim mesma, mas dali a pouco o Clint Eastwood passou por mim. — Não estou acreditando que o "cara" que acompanho *desde pequena* está na minha frente!

E quando menos imaginava, a Julia Roberts e o Kevin Spacey puxaram papo comigo, pensando que eu fosse italiana.

— Nossa! Você fala bem em inglês — comentaram quando finalmente contei que era brasileira.

Eu admirava demais aqueles atores, e tudo era muito novo pra mim, porque, embora eu fosse famosa no Brasil, ninguém me conhecia nos Estados Unidos. A Julia Roberts foi uma simpatia, uma mulher linda e, por fim, o Kevin Spacey ficou meu amigo. Até uns anos atrás a gente se comunicava por e-mail, MSN e depois perdemos o contato, infelizmente.

Os Estados Unidos me trouxeram experiências maravilhosas, mas, depois de cinco meses, meu tempo naquele país estava no fim. Decidi voltar para o Brasil porque a Rafa, com 8 anos, não se adaptava à nossa nova vida, ela estava muito infeliz, deprimida, e queria voltar para casa. Eu havia contratado uma professora particular de inglês que também era *babysitter* para tomar conta dela enquanto eu trabalhava, mas minha filha realmente não estava bem. Foi aí que, dois meses depois de ela ter chegado, resolvi voltar.

Arrumei as malas, comprei as passagens e em poucos dias estava no aeroporto pronta para partir. Só que quando entrei na sala de embarque, ouvi anunciar pelos microfones:

— Por favor, Cristiana Oliveira, encaminhar-se ao balcão...

— Caramba, o que aconteceu?! — perguntei pra mim mesma.

PAREM ESSE AVIÃO!

No balcão de atendimento do aeroporto, fui informada que alguém tentava conversar comigo por telefone. Não fazia ideia de quem poderia ser, mas retornei a ligação. Quando a chamada completou, escutei finalmente:

— Cristiana, sou diretora de *casting* de A *m*áscara do Zorro. O filme mudou de direção, agora vai ser dirigido por Martin Campbell, com produção de Steven Spielberg. Precisamos que você fique aqui nos Estados Unidos para darmos continuidade aos testes.

— Mas já estou na área de embarque do aeroporto, não dá pra eu ir pro Brasil, deixar minha filha e voltar depois?

— Não, o teste será feito amanhã e você está entre as cinco finalistas. — No total, cinco mil mulheres tinham participado do teste. — Depois pagamos sua passagem de volta para seu país.

Uma coisa realmente doida aconteceu na sala de embarque, algo de Deus: encontrei o marido da minha irmã Inês, que era diretor de uma grande agência de publicidade em São Paulo-SP, e estava voltando de Los Angeles para o Brasil naquele mesmo dia. Olhei para ele e pedi:

— Leva minha filha com você? Eu vou dar um jeito e me virar por aqui...

Ele, claro, aceitou me ajudar, e expliquei tudo para a Rafa:
— Filhota, a mamãe vai ter que ficar, tá? Vou fazer um novo teste em Hollywood... — Ela não gostou nada da ideia, ficou triste com a situação, mas partiu com meu cunhado.

Naquele momento eu só fiquei com minha bolsa e a roupa do corpo, porque todas as minhas malas tinham sido despachadas. Fui para um hotel, passei em uma loja que vendia roupas bem baratas, comprei algumas peças e uma malinha e, no outro dia, participei do meu último teste.

Tudo que eu pensava era:
— Meu Pai do Céu, será que vou fazer esse filme?

Porém, também não foi daquela vez... Apesar de terem amado minha atuação, a equipe escolheu a atriz Catherine Zeta-Jones para o papel, que era uma das minhas concorrentes. Se tivesse sido escolhida, ia adorar fazer uma personagem em Hollywood, mas, acima de tudo, sabia que tinha conquistado uma experiência incrível com os *castings* e conhecido pessoas de renome.

Sendo assim, voltei para o Brasil com outros planos. Durante o tempo que passei em Los Angeles, Peter, o vice-presidente da ICM, tinha me apresentado ao empresário do ator Antonio Banderas, que se chamava Jesus Garcia, e o agenciava na Espanha.

— Ela é uma atriz brasileira muito boa — Peter comentou com Jesus naquela oportunidade. — Está fazendo vários testes por aqui e indo muito bem, só que pretende voltar para o Brasil por causa da filha dela que não está se adaptando à mudança.

E lembrei da proposta que o Jesus Garcia tinha me feito:
— Você não quer passar um tempo em Madri?

"Meu Deus do céu", pensei. "Como faria para passar um tempo na Espanha?". Apesar dos desafios, eu queria ir, por isso, depois que voltei ao Brasil, comprei uma passagem e fui sozinha.

Lá, conheci a agência que Jesus trabalhava e participei de alguns testes. Para minha surpresa, fui aprovada para uma trilogia adaptada da obra *Carmen*, de Prosper de Mérimée, e que seria, na verdade, gravada em Miami. Lembro que, em algumas cenas, teria que ficar nua, mas a história me chamou muito a atenção e eu estava decidida a aceitar a proposta.

Achei melhor voltar ao Brasil para organizar minhas coisas e depois ir para os Estados Unidos participar do filme. Só que, nesse meio tempo, a Globo me chamou para fazer *Salsa e merengue*.

— Se você não fizer essa novela, vamos romper o seu contrato — me avisaram.

Eu gostava de trabalhar na Globo, já estava há três anos na emissora e me dando superbem, com um contrato fechado para mais três anos. Além disso, tinha tudo no Brasil e, já na Espanha, as coisas eram incertas. Não vi necessidade de cancelar toda a história que estava construindo no meu país e desisti completamente da proposta de *Carmen*, de Mérimée.

— Pôxa, que pena! — Peter comentou comigo. — Tenho certeza absoluta que se você ficasse por mais tempo aqui nos Estados Unidos, mesmo que fosse gravando a trilogia espanhola, você ia conseguir um papel muito bacana em Hollywood.

Como já havia decidido, abri mão de tudo e fiquei no Brasil. Mesmo assim, minha experiência internacional me trouxe outra oportunidade, a partir do convite de um amigo, chamado Eugênio, que participava da produção do Festival de Cinema de Gramado. Ele chegou em mim e disse:

— Cris, eu queria muito trazer um ator internacional, ou uma atriz, para o festival, só que não tenho tanta verba pra isso... Você não quer ver se consegue trazer alguém?

Aproveitei o contato que tinha com o vice-presidente da ICM e apresentei a ideia.

— Conheço esse festival, Cristiana — ele comentou —, mas o cachê realmente é muito baixo, acho que não vai dar certo com esses atores que vocês estão querendo, tem que ser alguém que tenha nome, mas não cachê alto. Vem pra cá e a gente vê o que consegue...

Fui novamente para Los Angeles, dessa vez com o Eugênio. Ficamos uma semana por lá e conseguimos contratar a atriz norte-americana Faye Dunaway, que fez muito sucesso nos anos 1960 e 1970. Durante o evento, trabalhei como sua assessora e tradutora. Essa foi a última experiência internacional que tive na área.

Em seguida, dei continuidade à minha carreira aqui no Brasil, com o começo das gravações da novela *Salsa e merengue* que estreou em setembro de 1996 e foi escrita pelo ator Miguel Falabella e a atriz Maria Carmem Barbosa.

— Krika... — O Miguel me ligou. — Em *Salsa e merengue*, vai ter a mocinha e a vilã. Qual dos papéis você prefere?

— Quero ser a vilã — respondi. Eu só tinha interpretado mocinhas em minha carreira.

— Então você vai ser a Adriana, uma prostituta de luxo que vai fazer tudo por dinheiro.

Dentre outros colegas de elenco, contracenei com a Ariclê Perez, que faleceu em 2006, e a Laura Cardoso. A primeira fez o papel de mãe da Adriana, e a segunda, de tia. As duas eram solteiras e muito ambiciosas, do tipo *social climber*, pessoas que querem crescer socialmente.

Minha personagem era amante de um grande empresário, o Guilherme, interpretado pelo ator Walmor Chagas na trama. Ela queria separá-lo da esposa e, tanto a mãe como a tia dela, sempre a incentivavam dizendo que ela "precisava tirar tudo do Guilherme".

Eu fazia aula de voz com a Márcia Tannuri há quatro anos. Para interpretar a Adriana, ela me orientou a fazer uma fala mais arrastada, meio malandra, com sotaque carioca. Eu já estava bem trabalhada por conta das peças de teatro que tinha participado e das minhas experiências internacionais, daí o resultado foi incrível, bem diferente de tudo que eu já tinha feito.

No entanto, ao mesmo tempo, enfrentei um desafio pessoal muito difícil. Tive síndrome do pânico, e o que me levou a isso, sinceramente, não sei ao certo até hoje. Talvez tenha sido uma ansiedade e um luto tardio pela morte da minha irmã Lucia — ela tinha morrido um ano antes, em 1995, justamente no Dia Internacional da Mulher. Por estar fazendo a novela *Quatro por quatro*, já no dia seguinte ao da morte dela, tive que gravar, tocar a vida, sem tempo para digerir tudo aquilo.

No meio da noite meu coração disparava, sentia medo, achava que algo de ruim poderia acontecer com minha filha Rafa, vivia crises fortíssimas de ansiedade... Era angustiante, terrível, eu enfrentava um inferno interno sem saber o motivo, uma coisa que me dava de repente.

Como minha carreira ia bem, a Adriana de *Salsa e merengue* me ajudava a vencer aquela angústia. Enquanto estava dentro do estúdio, focava no meu trabalho e me sentia melhor, só que, quando estava sozinha, ou só com a minha filha em casa, era terrível.

As pessoas ainda estavam começando a falar sobre síndrome do pânico, e o tema não era tão conhecido como é hoje. Decidi procurar por uma psicanalista que também era psiquiatra, ela me passou um medicamento, mas com medo, não tomei nenhum; o que me salvou foi a terapia intensiva que fizemos, eram quatro ou três encontros por semana. Depois de um ano, fiquei curada. Demorou, mas nunca mais passei por nenhuma crise, graças a Deus.

Em 1998, dois anos depois da estreia de *Salsa e merengue*, a Globo me perguntou se queria fazer a protagonista de *Corpo dourado*, Selena, uma vaqueira que viveria num universo rural. Eu estava trabalhando em um projeto de teatro já bem adiantado, mas gostei da proposta e aceitei.

Contracenei um triângulo amoroso com Humberto Martins e Fábio Júnior, bem como voltei a atuar com o ator Marcos Winter que tinha sido meu par romântico em *Pantanal* — dessa vez ele interpretou o Arturzinho, que também se apaixonava pela Selena; no início, nossos personagens se estranhavam, foi muito engraçado. Divi várias cenas com a atriz Ana Rosa, que fez o papel da minha mãe; a Rosamaria Murtinho, intérprete da mãe do Arturzinho; e com outros colegas.

Assim que coloquei a roupa da Selena, principalmente o chapéu dela, já senti que criava a personagem em minha mente. Até acredito que ela tinha um pouco da alma corajosa e destemida da Juma, no entanto, por morar em uma fazenda que ficava perto da cidade, era mais culta e acostumada a conviver com as pessoas.

Ela era um pouco masculinizada, no sentido de ser uma mulher muito dura, por isso, mais uma vez, fiz um trabalho de voz com a Márcia Tannuri para desenvolver meu tom grave. Também precisei aprender a laçar boi — ou pelo menos a fazer um movimento que convencesse o público. A verdade é que, a cada cena, eu vencia um desafio. Quem assistia à novela, por exemplo, pensava que eu dominava cavalos com perfeição, mas sempre tive muito medo de montar, principalmente depois do tombo que levei em *Memorial de Maria Moura*, só que a Selena precisava dessa habilidade.

Tentei treinar em uma hípica, mas não me adaptei com a raça que me ofereceram. Por sorte, um tempo depois, a produção conseguiu um cavalo branco que tinha um galope muito gostoso e me fazia sentir segura; ele realmente se simpatizou comigo. Mais tarde me deram outro, de pelagem preta, que a Selena chamava de "Arizona, meu amor".

A dupla Chitãozinho e Xororó fez a música-tema da minha personagem, a "Pura Emoção", lembrada por muitos até hoje. Em várias gravações estive com peões de verdade, escutei suas histórias, aprendi sobre rodeios e a devoção que eles têm à Nossa Senhora ao sempre levar, debaixo do chapéu, uma imagem da santa.

Outra curiosidade é que a Selena dirigia um caminhão velho, um Scania de 1975, mas, como já comentei por aqui, não sou motorista nem de carro. A equipe técnica precisava colocar a Scania num caminhão guincho e puxar, enquanto isso eu fingia que estava dirigindo, mexia o volante, a marcha, e fazia cara de normalidade.

Uma cena que me marcou muito porque tive um sério problema, foi no capítulo em que a Selena recuperava a memória. Gravei numa praia do Rio de Janeiro-RJ, a Grumari, em cima de um penhasco. Lembro que, como parte da interpretação, eu ficava olhando para o horizonte quase sem piscar e, enquanto isso, as ondas batiam nas pedras e os pingos de água salgada vinham diretamente no meu rosto. Ao chegar em casa, comecei a sentir uma ardência horrorosa nos olhos, não conseguia ficar com eles fechados, nem abertos, pareciam que estavam queimando.

Na madrugada foi "aquela" agonia, então acabei indo a um hospital. Pingaram colírio anestésico, a dor passou e fui para casa, mas, um tempo depois, o incômodo voltou ainda pior e precisei achar uma emergência oftálmica. No final das contas, tinha queimado as duas córneas, ou seja, fiquei uma semana com dois tampões nos olhos, e minhas gravações foram canceladas por causa disso. A consequência da cena, infelizmente, foi muito negativa, mas depois tudo se resolveu e voltei a trabalhar normalmente.

Apesar de ter sido uma mulher durona, a Selena era ao mesmo tempo romântica e vivia seu primeiro amor ao lado do personagem de Humberto Martins, por isso encantou o público. Muita gente que assistiu a novela, quando me encontra na rua, ainda diz:

— Olha, é a Selena.

Esse com certeza foi um dos papéis que mais amei fazer e que melhor interpretei também; além de satisfação e felicidade, a Selena me trouxe um enorme carinho por sua história.

8

VICIADA EM MALHAÇÃO

Em 1999, depois de dois anos que tinha voltado com o Marcos Sampaio, nasceu a Antônia, minha segunda filha. Conheci o pai dela quando fui a Porto Alegre-RS visitar a Isabela Sá — aquela amiga que também era gordinha na adolescência e que desistimos de ir à boate por não encontrar uma roupa que nos coubesse. Na época, 1994, ele era gestor comercial de uma grande rede de supermercados. Entre as idas e vindas, vivemos um relacionamento de 9 anos, até 2003.

A Antônia foi desejada porque o Marcos sonhava em ser pai, só que, apesar disso, a gravidez aconteceu de surpresa. Ela foi muito amada por nós durante a gestação, como é até hoje, e no dia 18 de maio ela nasceu, quando a Rafaella já tinha 10 anos.

Como o André Wanderley, o pai da Antônia também me ajudava muito, era parceiro, e tudo aconteceu num momento em que eu estava mais madura, com 35 anos. Sendo assim, ser mãe de segunda viagem foi muito mais prazeroso porque eu sabia como as coisas funcionavam, já tinha amamentado e passado por momentos de cólica, por exemplo. Claro que você vai consertando os erros que cometeu na primeira vez, percebendo o que não deu certo e mudando, mas, em princípios e valores, minhas duas filhas tiveram a mesma educação, só que cada uma tem o seu próprio jeito de ser.

O olhar delas é muito parecido com o meu, mas, de personalidade, talvez a Rafaella se assemelhe a mim por ser bastante carinhosa, sinestésica. Já a Antônia, puxou mais ao pai, ela tem uma personalidade forte, é uma menina que defende com unhas e dentes os princípios dela, é mais objetiva e não tão emocional.

Fazia menos de quatro meses que minha segunda filha tinha nascido quando fui chamada pra fazer a protagonista Pilar Ramirez, em *Vila Madalena*, a nova novela das 7 da TV Globo de 1999. Eu já não amamentava mais porque, com dois meses, tinha precisado parar, já que a Antônia sofria de refluxo; ela sempre dormia num colchão 45 graus e à noite eu mal descansava por conta da minha preocupação.

Uma parte foi gravada em São Paulo-SP, e a emissora criou uma estrutura nos bastidores para que eu pudesse levar a bebê até que ela crescesse um pouco, e uma babá. Nos finais de semana eu não gravava, então voltávamos para Porto Alegre-RS, onde moramos por um tempo, e eu ficava com a minha outra filha também.

A Pilar foi uma personagem de alma linda, forte e apaixonada, que amei fazer. No início da trama, ela era assediada por dois marginais e o noivo, para defendê-la, provocava por acidente a morte de um deles e acabava preso. Anos mais tarde, depois de cumprir a pena e procurá-la, o rapaz descobria que ela estava em outro relacionamento, com o amigo dele.

Foi maravilhoso trabalhar entre amigos, como o Marcos Winter e o Edson Celulari; a Maitê Proença, que é um amor de pessoa; a Yoná Magalhães, que era uma lady, uma mulher incrível; além da Rosamaria Murtinho, que fazia o papel da tia da Pilar, com quem trabalhei inúmeras vezes — ela e também o José de Abreu, que esteve comigo em outras novelas, são os atores que mais contracenaram comigo ao longo de toda minha carreira —, e ainda com a direção do Jorge Fernando que é um "cara" muito divertido e outros grandes profissionais.

Mas eu estava prestes a viver outro período problemático com a minha autoestima, quando desenvolvi vigorexia, um transtorno psicológico que nos torna viciados em malhação, num momento que, na verdade, nem tinha motivo pra isso:

por estar magra antes de engravidar, estava com um corpo lindo mesmo depois de ter ganhado 20 kg.

Além de fazer dieta todos os dias, não ingerir bebidas alcoólicas, nem comer carboidratos, eu ainda fazia quatro horas de atividade física diariamente. Fiquei magérrima, com um corpo lindo, todo mundo me elogiava e eu fechava vários contratos de publicidade, presença VIP e participação em desfiles.

Tinha tudo na vida, muito trabalho, um marido superbacana e estava fisicamente linda, mas, ainda assim, existia alguma coisa dentro de mim que eu não entendia... não me sentia feliz e comecei a desconfiar que era por alguma razão química. Foi então que descobri: estava com depressão e tendo crises de ansiedade. Precisava me cuidar. Talvez eu fosse propensa a viver uma crise emocional novamente, mas, acima de tudo, acho que isso aconteceu porque estava comendo muito pouco, tanto em quantidade como em qualidade.

Por medo de tomar remédio, eu recusava qualquer tratamento psiquiátrico e apelei por terapias alternativas que não deram certo. Era uma paranoia. Todos os dias, minha maior preocupação continuava sendo emagrecer. Vivi um paradoxo, uma incoerência de sentimentos, estava linda por fora, e triste por dentro.

Nas palestras que hoje tenho oportunidade de dar, conto sobre esse episódio da minha vida, e de como a busca excessiva pelo corpo perfeito traz elogios o tempo todo, mas, ao mesmo tempo, vivemos uma alteração de humor horrível e estamos mal internamente.

Nem mesmo quando interpretei a Araci, na novela *Insensato coração*, que precisei engordar 20 kg e contarei nos próximos capítulos, passei por um problema como esse. Com tantos quilos a mais eu estava feliz, porque tinha me tornado uma pessoa equilibrada, já tinha uma "cabeça" diferente, mais madura.

E em 2001, quando ainda enfrentava esse desafio pessoal, a Globo me convidou para interpretar uma baiana sonhadora, a Eulália, na primeira fase de *Porto dos Milagres*. A iniciativa foi do diretor Roberto Naar, com quem eu já tinha trabalhado em *Pantanal*, e fazia parte do núcleo do diretor-geral Marcos Paulo.

Eulália era uma mulher muito apaixonada pelo marido Frederico, interpretado pelo ator Maurício Mattar. Os dois se amavam demais e viviam no interior da Bahia; ela era artesã de bilro e ele fazia pescaria em alto-mar. Certo dia, no barco, acabaram gerando o filho deles. Depois disso se casaram e, quando ela estava no nono mês de gestação, começou a se sentir mal, morreu no parto e o filho nasceu morto.

Lembro do perrengue que passei ao gravar com o Maurício Mattar num barco pesqueiro. O tempo fechou e começou a chover torrencialmente, fiquei com muito medo, mas mesmo assim continuamos a cena e, no final, deu tudo certo.

Iemanjá foi outra personagem que interpretei na trama, paramentada com uma vestimenta bem pesada. Fui içada por um cabo de aço como se estivesse pairando sobre o mar em meio a uma tempestade, numa cena em que o Frederico via Eulália como se ela fosse a própria santa. Enquanto a observava, ele ficava preso numa corda do barco pesqueiro e caía no mar, em paz, sentindo que a esposa o chamava para a morte. Foi realmente emocionante participar de "Porto dos Milagres", sinto saudades desse tempo e me orgulho das personagens que interpretei.

Além de contracenar com Maurício Mattar, também trabalhei com as atrizes Carolina Kasting, Cassia Kis, Luiza Tomé, Letícia Sabatella, os atores Antonio Fagundes, José de Abreu e outros profissionais incríveis.

A gente ficava num hotel na Ilha de Comandatuba, no interior da Bahia, onde, de forma inédita, a Globo montou uma cidade cenográfica para fazer a novela. Por três meses fiquei ali, e a Antônia, com 1 aninho de idade, foi comigo de novo. Levei também uma babá, a Luciane, para que ficasse com ela durante as gravações. Minha outra filha, a Rafa, ia quando podia, porque ela tinha 13 anos e estudava no Rio.

No auge da vigorexia, eu não deixava de treinar nem um dia sequer, por isso, outra pessoa que me acompanhou foi a

Sônia Lacerda, a Soninha, minha *personal trainer* há 22 anos. Acordávamos às 5h da madrugada para que antes das gravações da novela eu fosse à academia, ou corresse na praia. Com toda dedicação, ela me deixou com o corpo mais lindo que já tive na vida, porém, o mais importante disso tudo é que ganhei uma melhor amiga... A partir daí nossa amizade se fortaleceu e hoje, mesmo longe uma da outra, já que moramos em estados diferentes, a Soninha é **apoio sempre presente em minha vida**, seja em momentos bons ou ruins. Sem contar que, mesmo distante, ela nunca deixou de ser minha *personal*, montando meus planos de treino e acompanhando meu desenvolvimento.

Na época de *Porto dos Milagres*, ela não tinha ideia do que se passava comigo, mas mesmo assim me dizia:

— Cris, você tá comendo muito pouco, tem que se alimentar melhor porque treina pesado todos os dias e precisa de mais calorias pra queimar!

Graças a Deus, depois de quatro anos nessa busca incessante, em meados de 2003, eu me cansaria, veria que a compulsão pelo corpo perfeito tomava tempo demais e pararia de gastar horas e mais horas carregando peso na academia ou chacoalhando o esqueleto igual a uma louca para perder gordura.

Quando se sai dessa rotina desenfreada, recuperamos todo o peso que passamos anos perdendo, ou seja, é uma coisa que não leva ninguém a nada, como tudo que é exagerado na vida. Hoje entendo que todos devem viver sua própria busca de uma forma equilibrada, porque não adianta passar quatro horas praticando exercício físico, nem comer sem parar, as duas situações nos farão infelizes, e quando "cairmos na real", viveremos uma depressão que nos fará precisar de ajuda.

Com o fim de *Porto dos Milagres*, faltava pouco para eu começar a trabalhar em *O clone*, mas aí já moraria no Rio de Janeiro-RJ e seria mais fácil dividir meu tempo como mãe e profissional, bem diferente do que aconteceu na infância da Rafa, quando fui mais ausente. Talvez seja por isso que a fama incomodava minhas filhas quando elas eram pequenas...

Existiam paparazzi que me perseguiam, como os que me pegavam no flagra para a revista *Caras, Contigo!* e a extinta *Ricos e famosos*. No entanto, eram mais cuidadosos que hoje porque, como não havia agências, em que o profissional vende uma imagem para vários veículos de comunicação, não tinha aquela coisa de fotografar uma atriz numa posição horrorosa na praia, pois se preocupavam com a qualidade das fotos, afinal, trabalhavam para uma determinada revista ou jornal.

Nunca vivi nenhum perrengue sério com eles, só fofoquinhas de jornal, às vezes inventavam que eu tinha caso com atores que contracenava, mas eu desmentia. Era tudo mais fácil, porque não havia a proliferação absurda de *fake news* que vivemos hoje com a internet. O direito de resposta era uma coisa muito séria, sempre se desmentia a matéria na próxima edição.

Quando saía para ir a um restaurante, um parque, ou qualquer outro lugar para fazer alguma atividade com minhas filhas, existia um assédio muito grande. Elas ficavam enfezadas e tratavam um pouco mal as pessoas que me procuravam, brigavam comigo e faziam birra na frente de todo mundo. Queriam chamar minha atenção e dizer, de alguma forma, que quando eu estava com elas, eu tinha que ser delas.

Essa fase foi complicada. Por serem crianças, não entendiam muito bem a minha fama. Elas passaram a lidar melhor com isso depois de adolescentes, quando entenderam que eu vivia a fama desde que eram pequenininhas, aí começaram a sentir orgulho, porque as amigas falavam:

— Vi a sua mãe na televisão!

Hoje elas admiram demais a minha trajetória. Cada vez que faço um trabalho, elas vibram, assistem tudo, é completamente diferente.

São mais de 30 anos sendo conhecida no Brasil inteiro, é só essa realidade que conheço. Não sei como as pessoas, que não vivem a fama, enxergam minha vida, o mais perto disso que consigo chegar é pensar em um ator de Hollywood e avaliar como imagino a rotina dele. Algumas podem pensar que tudo é perfeito, nossa família é maravilhosa e não existe discussão entre a gente, tanto que se brigamos por aí, vira notícia do tamanho do mundo, mas não é verdade.

Também é complicado imaginar o que eu seria se nada disso tivesse acontecido comigo. Talvez eu fosse uma empreendedora, jornalista, apresentadora de TV ou ingressaria na área de moda. Não sei dizer se seria bem-sucedida, mas uma coisa é certa: trabalharia para ser independente, porque desde jovem quis tomar as rédeas da minha vida e ter o meu próprio dinheiro.

UMA VILÃ MUITO ODIADA

— Cris, **vão** ter duas ou três vilãs em *O clone* — ouvi o diretor Jayme Monjardim dizer. — Seria legal você fazer uma delas, acho que podem se encaixar com você. Dá uma olhada na sinopse e veja se quer interpretar alguma.

Quando li o material, só uma frase definia quem seria a Alicinha, algo como *"uma mulher de 30 anos, completamente dissimulada que se faz de boazinha para usar as pessoas e conseguir o que quer"*. Fiz algumas pesquisas sobre esse tipo de personalidade e cheguei à conclusão de que ela seria uma psicopata, uma pessoa que só pensa em seu próprio bem, não está nem um pouco preocupada com os outros, é mentirosa e manipuladora. *"Tá aí! Quero fazer a Alicinha!"*, pensei. E em 2001, eu começava outro desafio na nova novela das 9 da TV Globo, escrita por Gloria Perez e dirigida pelo Jayme Monjardim.

Para criá-la, a Gloria Perez buscou consultoria com a psiquiatra Ana Beatriz Barbosa Silva, uma profissional maravilhosa que, inclusive, em 2021 fizemos uma *live* juntas no YouTube falando sobre relações abusivas. Li muitos livros sobre psicopatia e também participei de *workshops* dados pela própria produção da novela, porque a Alicinha seria uma personagem bastante complexa.

Dei vida a ela da maneira mais verdadeira possível, porque **não for**cei, em hipótese alguma, ser uma vilã; na verdade, eu a fui montando aos poucos, conforme recebia os textos da Gloria

Perez, que **é uma escritora brilhante** e faz personagens muito bem construídos.

Tanto quanto o telespectador, eu não sabia o futuro da Alicinha, se ela mudaria o comportamento ao longo da história ou não, mas eu interpretava até as "últimas consequências" conforme vinha descrito no meu texto: se ela devia ser boazinha, eu era boazinha, se ela devia ser ruim, eu era ruim.

Quando a Alicinha começou a mostrar as garras e deixar de ser dócil, **é** que também fui entender os rumos da personagem dentro da história. Isso foi quando ela seduziu o Escobar, interpretado pelo ator Marcos Frota, para tirá-lo da Clarisse, a atriz Cissa Guimarães, e fazer com que ele vendesse o apartamento dele para passar no nome dela. Quando conseguiu o que queria, a pérfida o dispensou.

Conforme a trama se desenrolava, as pessoas começavam a me questionar na rua; **às vezes** me tratavam mal, como a vez que eu estava no aeroporto e uma funcionária da lanchonete foi bem grossa comigo.

Ainda hoje, pelo fato de a novela estar no YouTube e **já ter sido** reprisada, sou atacada nas redes sociais em conversas privadas. As pessoas me escrevem: *"Ah, sua Alicinha nojenta, sua vagabunda! Para de roubar o homem dos outros!"*. Eu me pego respondendo: *"Gente, não sou a Alicinha, sou a Cristiana"*.

Embora essa reação seja bacana porque, além de mostrar que o público se envolveu com a história da personagem mostra também que fiz um bom trabalho, confesso que como Cristiana Oliveira, real, de carne e osso, **às vezes** me espanto quando as pessoas confundem as duas personalidades. No entanto, compreendo que o universo dos telespectadores **é diferente do meu, eu sou a intérprete, conheço os bastidores**, eles não. E esse repúdio jamais faria um ator negar o papel de vilão. Apesar de me assustar, eu lido superbem com a situação.

Pelo *O clone* ter sido transmitido em outros países, várias pessoas já me reconheceram fora do Brasil como Alicinha. Quando estou de cabelo preso igual ao que ela usava, ouço falar:

— Olha a Alicinha aí!

Realmente me senti muito honrada com o papel, foi a primeira vilã escrita pela Gloria Perez que interpretei e ela elogiou muito o meu trabalho. Além disso, é uma das personagens que mais ficou na memória coletiva dos telespectadores, eles não esquecem que dei vida a ela.

Fazia 10 anos que eu estava longe do palco, porque fazer teatro e TV ao mesmo tempo é um desgaste fenomenal, ainda mais quando se tem filhas pequenas que precisam da presença da mãe, mas com o final das gravações de *O clone*, senti que era o momento de voltar.

Minha primeira personagem, depois de tanto tempo, foi Maria de Nazaré, em 2001 e 2003, na peça *Paixão de Cristo de Nova Jerusalém*, apresentada há mais de 50 anos durante a Semana Santa na cidade Brejo da Madre de Deus, no Pernambuco.

Nos dois anos seguintes apresentei *Pequeno dicionário amoroso*, com Eri Johnson e direção de Jorge Fernando; começamos no Shopping da Gávea do Rio de Janeiro-RJ e depois viajamos o Brasil todo; era um sucesso, as pessoas amavam. Já em 2006, tive a honra de atuar em *Millôr impossível*, ao lado do ator Henri Pagnoncelli, e do diretor Eduardo Wotzik, que também assinou a direção da peça baseada nas crônicas de Millôr Fernandes.

Nesse meio tempo, em 2003, vivi o fim do meu relacionamento com o Marcos Sampaio. Nós nos separamos por conta do desgaste normal que acontece numa relação à distância entre duas pessoas muito atarefadas, como a gente era. Apesar de, naquela fase, eu ter uma casa em Porto Alegre-RS, precisava ficar muitos dias no Rio de Janeiro-RJ devido ao meu trabalho, e nosso relacionamento não resistiu a isso.

Nossa filha Antônia era bem pequenininha, faria 4 anos, por isso não sofreu com nossa separação. Ela sabia que os pais eram amigos, que se falavam e não existiam problemas entre eles, como brigas e discussões.

Dois anos depois, após várias participações especiais na Globo, dentre elas na novela *Kubanacan*; e nas séries *A diarista*, *Amazônia, Casos e acasos, Faça sua história*, e *Os homens são de marte*, fui chamada para interpretar a Rita Garcia na edição de 2005 da *Malhação*.

Quando a emissora me apresentou a personagem, eu me simpatizei por ser uma mulher contemporânea, dona de casa que, depois de ver o marido perder tudo que tinha, precisava começar a trabalhar fora. Essa mudança, na verdade, tornava-se um caminho para que ela se libertasse do casamento tóxico e machista que vivia.

Tenho certeza que se a interpretasse numa novela das 9, teria sido um grande sucesso, porque muitas mulheres, com seus 40 e poucos anos, iam se identificar ao ver que a Rita queria trabalhar, ter sua própria vida e terminar um casamento angustiante, como aconteceu com as que assistiam *Malhação* e estavam passando pela mesma dificuldade.

Sempre gostei de lidar com jovens, e depois que minha filha mais velha se tornou adolescente, passei a conviver mais com eles. Vejo isso como um aprendizado, uma troca muito positiva, por essa razão, quando recebi o convite, fiquei superfeliz de trabalhar com esse nicho.

Virei meio "mãe", a tia da "tchurma", e amiga de muita gente. O elenco vinha em casa fazer churrasco e era uma farra. Foi ótimo conviver também com os atores mais velhos que contracenaram comigo, como o Paulo Betti, com quem fiz um triângulo amoroso, e muitos outros.

Com o fim das gravações, fiquei dois anos longe das câmeras, até 2007, quando fui convidada para participar de *Sete pecados*. Interpretei a advogada Margareth, uma vilã criada para ocupar o espaço deixado pela personagem Ágatha, que morreu na trama para que a atriz Claudia Raia atuasse em outra novela.

As gravações aconteciam há mais de cinco meses e todo o elenco estava entrosado quando comecei a trabalhar na novela, o que me fez sentir um peixe fora d'água; tive a sensação de viver o primeiro dia de aula em um novo colégio. Por outro lado, eu me dava bem com a Claudia Raia que, depois da minha chegada, ainda gravou algumas cenas.

Na verdade, eu me sentia desvalorizada, não por causa da relevância do meu personagem na história, mas por conta do comportamento de alguns profissionais envolvidos, tanto que meu nome só entrou nos créditos na última semana da novela, depois de seis meses que eu já atuava como Margareth. Sem contar as vezes que me chamaram de "Cristiane"...

No final das gravações, a própria diretora de elenco que tinha me convidado para o papel, comentou a respeito:

— Seu comportamento foi impecável, Cristiana, muito profissional — ela me disse. — Acho que se outra atriz estivesse no seu lugar, reclamaria demais!

Mesmo me sentindo incomodada, eu me calei, não porque fiz *"o jogo do contente"*, mas porque sempre me esforço para olhar o lado positivo das coisas.

— Você é boba de não se impor — ouvi algumas pessoas dizerem. Acontece que não gosto de criar conflitos para situações que, sei, não dependem disso para melhorar.

Quando a novela terminou, fui assistir a uma peça do autor de *Sete pecados*, do dramaturgo Walcyr Carrasco. Ele não tinha nada a ver com a situação que eu tinha vivido, mas se sentou ao meu lado na plateia e comentou:

— Muito obrigado por sua participação na minha novela, Cris! Você fez o papel muito bem. — Ele realmente foi amável comigo.

Ali eu senti que ganhava um troféu, afinal, meu trabalho era reconhecido pelo *autor* de *Sete pecados*, que era o que, profissionalmente, eu precisava.

Já na novela *Paraíso*, que foi ao ar em 2009, atuei a partir do 40° capítulo como a Zuleika, uma solteirona da cidade grande que, apaixonada pelo Zeca, peão que era interpretado pelo ator Eriberto Leão, muda-se para a cidade de Paraíso na intenção de ficar perto dele, porém, no final das contas, ela se apaixona por Bertoni, um italiano que, interpretado pelo ator Kadu Moliterno, era totalmente avesso a relacionamentos sérios até conhecê-la.

Fiquei muito feliz de fazer parte do elenco porque era um remake da versão de *Paraíso* dos anos 1980, em que o Kadu e a atriz Cristina Mullins faziam o casal principal. Na época, a história me marcou por conta do romance proibido que existia entre os dois protagonistas.

Embora muitas cenas passassem na zona rural, as minhas aconteciam em estúdios e cidades cenográficas, apenas uma vez precisei gravar em uma fazenda do Rio de Janeiro-RJ para fazermos uma roda de viola com o cantor Daniel que, ao interpretar o peão Zé Camilo, era uma novidade na nova versão da novela. Além da incrível oportunidade de contracenar com ele e outros profissionais maravilhosos, pude, pela primeira vez, trabalhar com o Kadu, que é superengraçado, e com o ator Eriberto Leão, que adoro.

Sem contar que, passados 18 anos desde *Pantanal*, dividi novamente o cenário com a Cassia Kis, essa mulher maravilhosa, não só como profissional, mas também como pessoa. Em *Paraíso*, ela interpretou a Mariana, uma beata extremamente devota, mãe da protagonista Santinha (Nathalia Dill) e, como todos os papéis que faz, ela deu vida a essa personagem de uma maneira incrível.

Eu me divertia em todas as gravações. Lembro de uma cena engraçadíssima que fizemos: minha personagem, hospedada em uma pensão, saía do banho enrolada na toalha e dava de cara com a Mariana que, claro, julgava tudo aquilo um escândalo. A Zuleika, debochada como era, achava superdivertido provocá-la.

Minha personagem não era uma coadjuvante de grande importância, mas como em todos os meus trabalhos, a relevância do papel realmente não me importa, independentemente disso, interpreto com paixão, porque, embora eu receba muitos convites para atuar, só abraço projetos em que encontro uma riqueza a ser explorada, algo que me obrigue a estudar e a sair da zona de conforto.

Foi o que aconteceu com a Alicinha de *O clone* que me deu a oportunidade de ser indicada ao Prêmio Contigo! de TV em

2002 como Melhor Vilã, e até hoje é lembrada como uma das melhores vilãs da história; mas, como já contei por aqui, quando recebi o convite para atuar na trama, a descrição da personagem ocupava só duas linhas.

Talvez as pessoas questionem essa minha maneira de pensar:
— Ah! Você acha mesmo que a Cristiana Oliveira não está ligando pra isso? Ela já foi protagonista de tantas novelas e agora está fazendo participações pequenas...

Do fundo do meu coração, não priorizo sucesso, mas desenvolvimento profissional; eu me esforço para entregar o meu melhor e aproveitar da experiência que o personagem me traz.

É indiscutível, que, como protagonista, você fica em evidência e ganha mais dinheiro, só que a satisfação de uma carreira artística não se resume apenas a isso. O ator que ama o que faz, busca mais do que fama e retorno financeiro, ele quer uma oportunidade para *desafiar o seu talento*.

— Faz muito tempo que não te vejo na televisão, você desistiu da carreira? — Sempre existe a pressão externa que vem da mídia e do público, como se acreditassem que não há vida longe da fama. — Devem ter esquecido dela... Com certeza ela está triste e deprimida — supõem.

Vida de ator não é estar no patamar o tempo todo, tanto que a última vez que interpretei uma protagonista foi em 2014 na série *Animal* do GNT com o ator Edson Celulari. Agora, na televisão aberta, foi em 1999, 23 anos atrás.

Eu continuo *vivendo* quando estou fora do palco ou distante das câmeras. No entanto, é claro que, se não tenho oportunidade de exercer a minha vocação, seja na TV, no teatro ou no cinema, sinto saudades do movimento interpretativo, porque sou apaixonada pelo que faço. Por muitas vezes vi atores que, mesmo com protagonistas maravilhosos nas mãos, reclamavam do papel:
— Estou louco para a novela acabar!

Só que esse nunca foi o meu caso. Por mais que vivesse uma estafa por me dedicar demais ao trabalho, ficasse supercansada e magérrima pela ansiedade de entregar um bom resultado, fosse num papel de protagonista, vilã ou coadjuvante, quando dava 6h da manhã eu estava de pé, tomando meu café e feliz da vida para ir gravar a novela.

Isso é paixão, é buscar evoluir e encontrar uma oportunidade em cada personagem que interpreto, como aconteceu com a Araci de *Insensato coração* que em 2011 me fez ser indicada ao Prêmio Extra de Televisão como Melhor Atriz Coadjuvante, mesmo sendo só uma participação especial de três meses na novela. Eu me coloquei até a sentir asfixia numa cela de total isolamento no Complexo Bangu, presídio do Rio de Janeiro-RJ, e os detalhes dessa inusitada experiência vou dividir com você nas próximas linhas.

9
NA PRISÃO COM CRISTIANA OLIVEIRA

Quando recordo da minha trajetória na Globo, existem seis novelas com as quais mais me identifiquei e adorei todo o processo de gravação: *Quatro por quatro, Salsa e merengue, Corpo dourado, Porto dos Milagres, O clone* e, por último, *Insensato coração* de 2010, escrita por Gilberto Braga e Ricardo Linhares, que, com certeza, foi a mais desafiadora, porque estudei mulheres presidiárias ao longo de 1 ano e 6 meses; eu as visitava duas vezes por semana para interpretar a Araci Laranjeira da maneira mais verdadeira possível.

É natural que, logo no momento da criação dos personagens, um escritor de novela imagine os atores que gostaria de ter no elenco. Geralmente, eles escalam aqueles com quem estão acostumados a lidar, às vezes por uma questão de conforto, ou por já se conhecerem e saberem que se dão bem trabalhando juntos. Por essa razão, embora eu adorasse o trabalho do autor Gilberto Braga, que infelizmente nos deixou em 2021, eu nunca tinha participado de nenhuma de suas obras. Quando eu soube que o Fábio Assunção, que já tinha feito várias novelas com ele, trabalharia em *Insensato coração*, peguei o celular e liguei pra ele:

— Fabinho, eu gosto muito do Gilberto, você sabe disso... Como você é amigo pessoal dele, será que, de repente, não poderia perguntar se ele não tem uma personagem pra mim?

— Claro — me respondeu. — E, se tiver, tenho certeza que vai dar certo porque ele já falou de você outras vezes.

Mais tarde, o Fábio me contou a resposta do Gilberto, disse que ele pensou um pouco e comentou:

— Gosto muito do trabalho da Cristiana. Acho que ela poderia fazer muito bem o papel de uma presidiária, porque eu já vi uma personagem bem masculinizada que ela fez em um filme. — Talvez ele tenha se referido ao *Gatão de meia idade* que estreou em 2005. — Mas vai ser só uma participação de três meses, porque a personagem morre na trama.

Bingo! Interpretar uma presidiária seria muito diferente de tudo que eu já tinha feito. Sem dúvida alguma aceitei o papel, porque quando li sobre ela, falei:

— Meu Deus! Vai ser o máximo!

Apesar de ser só uma participação especial, havia uma riqueza de detalhes que me deixou apaixonada pela Araci, porque ela mostrava a realidade de muitas mulheres que ao não se sentirem bem num corpo feminino, desenvolvem uma postura masculina.

Na televisão, as presidiárias são feitas de uma forma muito parecida; não que sejam atuações ruins, mas, geralmente, trata-se de uma mulher forte que briga com todo mundo, e eu não queria fazer desse jeito. Até poderia escolher um filme para me inspirar, tipo *Monster – Desejo assassino* (2003), com a Charlize Theron, e fazer a minha personagem da mesma forma que a dela; seria bem mais fácil porque eu só reinventaria algo, mas, *não*, com certeza não era o que eu queria. Entendi que a melhor coisa a fazer era ir a campo, viver de fato a vida de uma presidiária e realizar um trabalho muito diferente.

— Como vou encontrar pessoas que tenham a ver com a polícia? — eu me perguntei.

Foi aí que me lembrei de um amigo, o David Brazil. Durante uma festa de aniversário, ele tinha me apresentando a uma delegada, a doutora Adriana Belém.

— David — liguei para ele. — Vou fazer uma presidiária e gostaria de conversar com algumas mulheres desse universo... Será que conseguiria entrar em contato com aquela sua amiga delegada e ver se ela pode me ajudar?

— Claro que sim, Cris!

Imediatamente, ele me colocou em contato com a doutora Adriana que, toda prestativa, perguntou pra mim:

— Você quer começar por onde? Eu acho bacana visitar primeiro o Serviço de Polícia Interestadual, a Polinter. É uma unidade de triagem, onde mulheres ficam esperando o julgamento. Só se são acusadas é que elas vão para a prisão.

Aceitei a proposta e ela me apresentou para quem era a diretora da Polinter naquela ocasião. Juntas fizemos um filtro de mulheres que tinham a ver com a personagem criada pelo Gilberto: presidiárias que intimidassem outras detentas, fossem homossexuais, agressivas, traficantes, muito perigosas, e que já tivessem cometido homicídio. Depois, a diretora me reuniu numa sala com as escolhidas.

Sempre que ia para o presídio, eu me vestia de uma forma muito simples, sem maquiagem e com uma camiseta básica; não queria, em nenhum momento, agir de maneira que as intimidasse. Elas sabiam o motivo da minha visita porque a diretora explicava tudo, muitas delas me reconheciam, vinham até mim e conversavam sobre as novelas que eu tinha feito, mas outras, não, e essas falavam:

— Quem é essa mulher?

Só que, de forma muito amigável, atraí a atenção até mesmo das mais reservadas, e, no final das contas, todas elas quiseram conversar comigo, até mesmo aquelas que não tinha a ver com o perfil da personagem que eu faria.

Para conseguir essa aproximação, comprei uma TV de 48 polegadas e um aparelho de DVD para doar ao presídio. Nos dias que eu estava lá, escolhia alguns documentários que tinham a ver com prisão, liberdade, religião e outros assuntos que faziam parte do universo delas, como, por exemplo, uma produção que trazia um chefe do tráfico, um de polícia e um líder religioso, para ser entrevistado. Claro que tudo passava pelo crivo da diretoria, até porque eu mesma me preocupava em não fazer nada que pudesse "mexer" com a cabeça delas. Além disso, a todo tempo as inspetoras ficavam presentes.

Eu me sentava no chão e observava cada uma delas, principalmente quando assistiam a alguma cena que tinha a ver com a situação que viviam. Cada uma reagia de uma forma, umas mais agressivas, outras mais receptivas, e eu percebia que, mesmo sendo simpatizantes de facções diferentes, elas não brigavam. Era um ambiente tranquilo, elas não tinham problema algum comigo.

Depois dessa experiência, a diretora da Polinter me orientou:
— Acho que está na hora de você "subir de nível", ir para o Bangu e conhecer presidiárias que já tenham sido condenadas.

O Complexo Bangu, no Rio de Janeiro-RJ, é formado por três unidades presidiárias e eu conheci todas elas; ali, diferentemente do que aconteceu na Polinter, não pude fazer nenhuma doação. A diretora era a Juracyara, nós nos tornamos amigas e mantemos contato até hoje.

Desse período, trouxe comigo uma obra de arte produzida pelas detentas, a imagem do Bondinho Pão de Açúcar feita com recortes de revista. Elas faziam diversos trabalhos manuais para aliviar a angústia que sentiam por estarem presas.

Toda terça e quinta, das 10h às 17h, eu estava no Bangu. No início, a diretora e as inspetoras ficavam comigo enquanto eu conversava com as presidiárias numa sala reservada, mas, depois, ao perceberem que elas me respeitavam, decidiram nos deixar a sós, principalmente para que as meninas pudessem falar o que quisessem, e elas realmente começaram a me contar coisas como se eu fosse uma amiga.

Conheci inúmeras histórias. Várias relataram ter matado seus cônjuges por traição, e também seus violadores, homens que as abusaram por muitos anos, desde quando eram crianças e, quando cresceram, decidiram que os mataria, ou, ainda, cometeram homicídio porque presenciaram o estupro de um filho.

Muitas me inspiraram para interpretar a Araci, principalmente aquelas com postura masculinizada. Até então eu só as conhecia pelas histórias que outras pessoas contavam, ou pelo "lado de cá", de vítima, como aconteceu quando eu tinha acabado de me casar com o André Wanderley, aos 22 anos.

Eu morava em Ipanema e estava voltando para casa quando fui abordada por uma gangue de meninas que tinham entre 16 e 17 anos. A rua estava completamente vazia e elas me encostaram no muro, com facas na mão, para levar tudo que eu tinha. Dois anos antes eu havia sido assaltada à mão armada em São Paulo-SP, depois de assistir a uma peça de teatro de alguns amigos. Eu tinha o valor equivalente a R$1 mil hoje — pra mim, era muito dinheiro —, e um relógio italiano no pulso, caríssimo, que era do meu namorado na época. Mais uma vez, levaram tudo, até itens do cenário e do figurino que estavam no porta-malas.

Ou seja, toda a realidade dentro do presídio era algo muito distante da minha vida e do que eu imaginava, interpretava ou julgava. As presidiárias me confidenciaram o que passava na cabeça delas enquanto assaltavam alguém, até me ensinaram truques para lidar com bandidos em situações como essas, estejam eles drogados ou não, e o que se pode fazer para evitar.

Foi algo novo na minha vida, e claro que ali eu não agia como uma advogada ou juíza, eu só queria escutar histórias e observar aquelas mulheres. Para mim, jamais elas se confessaram culpadas, com exceção de três que me contaram ter aprendido a usar uma arma com 12 anos. As outras agiam como se fossem inocentes, e eu não sabia se era verdade ou não, mas, ao mesmo tempo, compreendia a carência e a falta de amor que sentiam, porque elas me relatavam uma infância extremamente miserável, com agressões do pai ou do padrasto, e abusos sexuais.

Decidi que iria mais longe. Eu queria passar um tempo na solitária, a cela de isolamento, para descobrir quais sensações se vivia na "tranca", como elas chamavam. Em poucas horas descobri que a situação era desesperadora, eu me senti asfixiada e pude imaginar a aflição de quem passava dias a fio ali dentro.

O lugar era minúsculo, tinha menos de 4 m². A porta era de ferro com uma pequena abertura por onde as refeições eram entregues. Do lado esquerdo, havia uma pia e, do lado direito, um vaso sanitário. No fundo, um apoio feito de cimento com um colchão bastante fino. Nas paredes, muitos desenhos. Eu realmente não faço ideia de como elas conseguiam entrar ali com lápis ou caneta, porque não é permitido levar nada pontudo para dentro da prisão, até mesmo escova de dente é proibido, já que tudo elas podem transformar em arma ao adaptar para um objeto afiado.

Da minha solitária, eu conseguia ouvir algumas conversas entre as presidiárias que se comunicavam mesmo em celas diferentes e, mais uma vez, descobri um pouco mais do universo que viviam.

Minutos antes, eu havia presenciado o desespero de uma das detentas que não queria voltar para a "tranca" de jeito nenhum. Descobri que estava há 15 anos na prisão; era o tipo de presidiária que, quando saía em condicional, logo voltava por ter cometido outro crime. Muito agressiva e ansiosa, ela tomava, inclusive, medicamentos para controle emocional, só que, por alguma razão, o remédio não havia chegado e, em crise de abstinência, agrediu uma inspetora, que imediatamente a mandou para a solitária por agressão.

— Pelo amor de Deus, não me faz voltar aqui! — ela dizia.
— Isso aqui é o inferno...

Comecei a sentir pena daquela mulher que só pedia para não viver de novo a solidão da "tranca". Quem trabalha há anos na penitenciária está acostumado com esse tipo de situação, mas, no meu caso, que não fazia parte daquele cotidiano, sentia vontade de abraçar aquela menina e falar:

— Pelo amor de Deus, não fica assim.

Cheguei pedir à diretora para que a liberasse da solitária.

— Cristiana, você não sabe como as coisas funcionam aqui — ela me explicou. — É igual educar uma criança, a gente tem que exigir disciplina, porque, se damos liberdade ou se somos muito leves na punição, elas nos agridem, gritam, xingam e podem até se bater dentro da cela. O dia a dia aqui é muito complicado.

Aquela detenta, oito anos antes, tinha liderado até mesmo uma rebelião. Ou seja, precisava ser tratada com firmeza, e eu comecei a entender melhor como as coisas funcionavam.

Existia uma parte na prisão que elas chamavam de "Seguro", área em que as mulheres mais perigosas ficavam separadas das outras presas, porque senão seriam mortas por elas, pois a lei dentro do presídio é *"dente por dente, olho por olho"* — da mesma forma que as alas masculinas não admitem estupradores, nas femininas, elas não aceitam cúmplices de pedofilia, assassinas de crianças, mulheres envolvidas com o tráfico de pessoas e outros crimes nesse sentido. Essas mulheres não conheci porque nada tinham a ver com a Araci.

Um tempo depois eu me perguntei por que não dava um jeito de conhecer um dos presídios de Florianópolis-SC, já que se tratava da capital onde aconteceria a trama de *Insensato coração*. Foi assistindo um pouco das gravações da novela que a ideia me passou pela cabeça, quando passei uns dias no apartamento que eu tinha por lá e, coincidentemente, os atores principais já estavam gravando várias cenas na cidade.

E "lá fui eu" atrás dos meus contatos para conhecer uma prisão catarinense... Em poucos dias me vi em uma penitenciária bem menor que as cariocas, onde ao invés de celas, existe um único recinto com beliches; e as solitárias, que se resumem a uma cama e uma fossa, muitas vezes é dividida por duas detentas devido à falta de espaço.

Todas as descobertas foram construtivas para o meu trabalho, e tornou esse período inesquecível na minha carreira. Cresci como pessoa também, porque o meu lado humano evoluiu, aquele da compreensão do bem e do mal, porque entendi que cada uma das detentas tinha a sua própria história.

Em média, 70% das mulheres que conversei se envolveram com tráfico por influência do marido, namorado ou irmãos, só que elas estavam presas enquanto eles, os líderes, soltos. Descobri ainda que nenhuma relação amorosa sobrevive no mundo do crime quando elas vão atrás das grades, porque os homens as abandonam, porém, quando *eles* se tornam presidiários, elas nunca os deixam. Muitas delas, ao passar anos a fio ao lado de outras mulheres, envolvem-se em relacionamentos homoafetivos no presídio.

Hoje, as redes de televisão oferecem uma série de *workshops* de preparação para atores; é uma facilidade que, tempos atrás, não existia. No entanto, a escolha de estar com essas mulheres no presídio foi uma decisão unicamente minha, não uma exigência da Globo. Aliás, nada que faço para melhorar o meu trabalho é imposto, pelo contrário, sou eu quem decido correr atrás do que quero e dar o melhor para o público.

Ir a campo me auxiliou não apenas na interpretação da Araci, mas também me permitiu trocar experiências com a equipe de arte e de figurino da novela, pois eu sabia o tipo de arma que as presidiárias usavam, as roupas — já que os uniformes ainda não eram comuns —, e os desenhos que elas faziam nas paredes das penitenciárias.

Porém, apesar de todo esse crescimento, faltava um detalhe. Fazer parte do cotidiano dos presídios me fez perceber que algo em mim não estava pronto para ser a Araci Laranjeira; eu precisaria me transformar *radicalmente*. Foi aí que tomei uma decisão, e ela surpreenderia tanto o telespectador, quanto as pessoas que conviviam comigo...

10

LIBEROU GERAL

———

— Você tá muito magrinha — as detentas me disseram. — Pra ser que nem a gente, você tem que ser maior.

Dentro do presídio, descobri que a minha estrutura física estava longe de ser a ideal para interpretar uma detenta com trejeitos masculinos. Foi então que decidi: iria engordar e fazer musculação para hipertrofia muscular. O resultado? Depois de 1 ano e meio estava com 20 kg a mais.

Sempre tive tendência a engordar, se como tudo que quero, ganho mesmo alguns quilos a mais, por isso simplesmente "me liberei", parei de controlar minha alimentação. Se queria comer uma massa à noite, por exemplo, eu comia — *hoje nem posso pensar em fazer isso, não que eu seja muito regrada, mas prezo pela qualidade dos meus pratos.*

No fundo, existia uma desculpa, a de que estava engordando por uma personagem, por isso não precisaria me preocupar, afinal, seria só uma fase, com absoluta certeza iria emagrecer depois, já que sou disciplinada.

E foi bem estranho me olhar no espelho, porque eu tinha vivido um longo período com um corpo legal, sendo bem magra, mas, sinceramente? Já tinha me cansando um pouco disso.

A primeira vez que apareci na novela, foi um estrondo, ninguém acreditou no meu tamanho. Meu nome foi parar na boca de todo mundo, e recebi elogios de atores que admiro:

— Que trabalho maravilhoso que você está fazendo! — me diziam.

Por outro lado, as críticas também vieram:
— Nossa! Que ridícula! Ela está parecendo um homem.

Eu olhava para esse tipo de *feedback* como algo positivo, afinal, tinha transformado meu corpo de forma proposital, e justamente em busca de uma aparência masculina. Com o tempo e as entrevistas que comecei a participar nos programas de TV, os espectadores passaram a entender o motivo de eu ter engordado e, aos poucos, minha mudança foi aceita.

Há dois anos eu estava em um relacionamento, e embora isso não tenha me impedido de engordar, até porque meu namorado me incentivou bastante a viver essa experiência, acho que os quilos a mais influenciaram nossa relação, porque com o fim da novela, a gente terminou.

No entanto, posso dizer: tudo o que vivi foi bom demais. Eu queria engordar e sabia a razão disso, além do mais, sinceramente, foi uma enorme felicidade comer o quanto quisesse pela primeira vez na vida. Sem contar que tive reconhecimento profissional ao ser uma das indicadas para o Prêmio Extra de Televisão como Melhor Atriz Coadjuvante em 2011... Foi um trabalho exaustivo que realmente valeu a pena.

Eu chegava na Globo com um bom tempo de folga porque o pessoal levava, no mínimo, duas horas para me preparar, já que a Araci tinha muitas tranças na cabeça e tatuagens pelo corpo. Quando sabia que gravaria por vários dias seguidos, para não precisar fazer tudo de novo, tentava manter a minha caracterização o máximo de tempo possível.

As tatuagens eram de rena, se eu esfregasse, elas saíam, então tomava um banho rápido e passava sabonete de forma superficial. Nos cabelos, colocava uma touca para manter as tranças e dormia com elas, mas as menores se desmanchavam ao longo da noite. Chegava a doer o coro cabeludo, só que eu estava tão apaixonada pela personagem e feliz com tudo aquilo, que essas coisas nem me incomodavam.

A maioria das cenas foi gravada dentro de estúdio, no Rio de Janeiro-RJ, mas uma vez fomos a uma unidade penitenciária de Bangu que tinha acabado de ser construída. Nesses dias, como a gente ficava no pátio, os detentos não saíam para tomar banho de sol.

O lugar ficava ao lado de um lixão; quando o elenco almoçava, enchia de moscas e os urubus voavam sobre a nossa cabeça. A Gloria Pires — que além de ser uma grande atriz, é um doce de pessoa —, pediu que a produção encontrasse um espaço melhor para almoçarmos. Até porque, se a gente saísse do presídio nesse intervalo, precisaria passar novamente por revista como qualquer visitante da unidade — isso acontecia todas as vezes que retocávamos a maquiagem, por exemplo. Era tudo muito complicado. Por sorte, o pedido da Glorinha foi atendido. Começamos a gravar numa antiga fábrica de chocolate que tinha um pátio exatamente igual ao de uma prisão, onde hoje é utilizado para exposição de obras de arte.

Foram cinco meses de gravação, mas apareci na trama por três. Contracenei com vários colegas de elenco, dentre eles, as atrizes Gloria Pires e Lidi Lisboa, que fizeram muito bem o papel delas; além disso, a novela também contou com a figuração de atrizes mais novas.

Trinta dias antes de as filmagens terminarem, comecei a emagrecer, mas como as roupas da Araci eram largas, ninguém percebia que eu já estava ficando menor. Meu rosto foi o que afinou primeiro porque, antes de tudo, diminuí a quantidade de comida dos meus pratos e perdi 3 kg. Depois passei a ter acompanhamento nutricional e a cumprir um plano de exercícios aeróbicos e de musculação com pesos mais leves, desenvolvido mais uma vez pela Soninha, minha amiga e *personal trainer*.

No início, o que me ajudou bastante foi uma viagem que fiz com a Rafaella pela Europa: 20 dias divididos entre Paris e Roma, duas cidades que são pura arte. Eu me coloquei a andar a pé pelas ruas parisienses, gastando calorias e mais calorias para conhecer cada canto da cidade, a ponto de minha filha ter preguiça de me acompanhar, mas ninguém me pararia porque gosto tanto de história que, se entrava no Museu do Louvre, era para ficar oito horas caminhando lá dentro.

Voltei para o Brasil com outro ânimo porque endorfina no organismo faz muito bem. Sem contar que a viagem foi deliciosa e estreitou minha relação com a Rafaella, já que com a minha vida corrida, não tínhamos tanto tempo juntas.

Um tempo depois, em 2012, participei de *Salve Jorge*, outra novela das 9 da Globo. Fiz Yolanda, uma pobretona do tipo "perua", cheia de exageros que queria ser capa de revista e comprar só roupa de marca, mas vivia da pensão do ex-marido que era herdeiro de uma família rica.

Ela era cômica, usava o bordão *"Respira fundo, relaxa e me engole!"* que ficou na cabeça dos telespectadores. O público gostava dela, quando me encontravam na rua já chegavam sorrindo ao falar sobre a novela, mas ela perdeu importância ao longo da história, o que é natural e acontece independentemente do nosso desempenho ou interesse pelo trabalho; da mesma forma que, às vezes, o protagonista não causa empatia no público e o autor precisa desenvolver outros personagens dentro da trama.

— Por que você sumiu da novela? — me perguntavam. — Brigou dentro da Globo ou a Gloria Perez não gosta de você?

— Gente, pelo amor de Deus, a Gloria é a pessoa mais humana que conheço na face da Terra — eu garantia. — Se for preciso, ela inventa personagens pra dar aos atores que são bons profissionais.

As pessoas sempre imaginam possibilidades negativas, no entanto, o que realmente aconteceu é que, pelo elenco gigante que a Gloria criou, teve um momento em que ela precisou se concentrar na história principal e não conseguiu desenvolver todos os personagens do início da novela. Como nós duas somos próximas, ela sabia que eu não ficaria chateada por tirar a Yolanda de *Salve Jorge* — a gente se entende, temos liberdade uma com a outra, ela fala na minha cara o que gosta em minha atuação ou não —, mas outros atores, que também tiveram seus personagens excluídos da trama, ficaram magoados com a decisão da Gloria.

Veja só como são as coisas: pra mim, a Yolanda era bem parecida com a Lara de *Topíssima* que interpretei anos depois na

Record, então a personagem que não deu certo em *Salve Jorge*, praticamente teve continuidade em outro de meus trabalhos. Não gravei na Turquia como muitos atores porque a Yolanda não fazia parte do núcleo principal. Contracenei, na verdade, com a Lisandra Souto, o Dalton Vigh e a Ana Beatriz Nogueira que, desde jovem, é uma ótima atriz e com quem trabalhei em minha primeira novela, a *Kananga do Japão*. Dividi as cenas também com a Natália do Vale por quem sou apaixonada; o Duda Nagle, que fazia meu filho, e a Nicette Bruno, atriz maravilhosa e um amor de pessoa que infelizmente nos deixou em 2020, além de outros grandes profissionais.

Foi nessa época também que fiz a primeira temporada de *Feliz por nada*, apresentada de 2013 a 2015. Interpretei a Laura, uma mulher de 40 anos que se perde das filhas no aeroporto de Tóquio e ganha uma nova amiga, a Juliana. De forma leve e divertida, a peça, baseada no livro homônimo de Martha Medeiros, com adaptação de Regiana Antoninni e direção de Ernesto Piccolo, trazia a busca da felicidade como tema, além da realização de sonhos e o poder da amizade. E eu fiz a loucura de participar do projeto ao mesmo tempo que assumia outro trabalho: ser protagonista da série *Animal* do canal GNT que foi ao ar em 2014.

Eu gravava de segunda a quinta-feira em Minas do Camaquã, um distrito de Caçapava do Sul-RS, localizado a 70 km da região central da cidade. Depois viajava por quatro horas até o aeroporto de Porto Alegre- RS, pegava um avião para outra cidade, uma van, e apresentava *Feliz por nada*. No dia seguinte, fazia todo o caminho de volta e retomava as gravações da série. Perdi sei lá quantos quilos nessa rotina, fiquei seca, mas muito feliz.

Fui convidada para protagonizar *Animal* por meio de uma indicação do ator Clemente Viscaíno. Ele já estava escalado para o elenco quando, por achar que eu me encaixava no perfil da delegada Mariana, sugeriu minha participação ao autor Paulo Nascimento.

Como adoro me aprofundar no universo da personagem, aproveitei para entrevistar algumas delegadas de Porto

Alegre-RS e descobrir um pouco sobre a rotina e o comportamento da mulher no meio policial. No entanto, a linha de direção do Paulo exigia uma interpretação mais seca do ator, com expressões leves, sem grandes movimentos ou exageros, por isso fiz a Mariana com base, principalmente, nos *workshops* de preparação que recebemos.

Protagonizei com o ator Edson Celulari que é um gentleman, um profissional muito atencioso, sério e de um conhecimento incrível, porque entende de tudo e mais um pouco: iluminação, câmera, posicionamento... Durante as gravações, eu brincava com ele:

— Você tem que dirigir a série!

Ele viveu o personagem João Paulo, vítima de uma doença rara, a teriantropia, que faz a pessoa acreditar ser um animal. Em busca da cura, ele volta à cidade fictícia Monte Alegre para encontrar as pesquisas feitas pelo próprio pai sobre o distúrbio que o atormenta.

Contracenei com vários colegas que admiro, como o José Victor Castiel, que é um grande parceiro; ele, como praticamente todo o elenco da série, é gaúcho. Isso foi muito bacana porque a equipe valorizou os atores da região.

A produção transformou Minas do Camaquã em uma cidade cenográfica. Ali, no século 19, houve extração de cobre pelos quase 5 mil moradores do local, mas quando o minério terminou, a maior parte da população partiu da região. Hoje a cidadezinha conta com pouco menos de 500 habitantes, e quilômetros e mais quilômetros de minas abandonadas, com uma única igrejinha, uma escola, um restaurante, um bar e um cinema desativado.

Por conta da montagem das cenas e do nosso trabalho ali, o distrito recebeu algumas benfeitorias, como a ampliação do bar com espaço para fazer churrasco — porque festeiros que somos, todo final de semana assávamos uma carne em fogo de chão bem à maneira gaúcha —, um semáforo que precisou ser instalado para completar o cenário, e o aumento da renda da cidade durante as gravações por causa do nosso consumo, já que, entre elenco, técnicos e produção, éramos quase 300 pessoas. Ficamos hospedados na única pousada que tinha, e em casas alugadas pelos moradores. Foram três meses vivendo nesse lugar atípico, uma experiência única.

Mas na vida, como em qualquer enredo, há altos e baixos. No ano seguinte, em 2015, vivi um dos capítulos mais tristes da minha história: minha irmã Beatriz faleceu no dia 5 de dezembro, em decorrência de um câncer.

Tudo começou em 2013. Eu me lembro dela em minha casa com a barriga inchada, pensando que se tratava de uma intolerância alimentar. Logo depois, ela passou por uma ultrassonografia, ressonância, biópsia e, infelizmente, foi encontrado um tumor maligno em um de seus ovários.

Ela passou por cirurgia e várias sessões de quimioterapia, e eu a acompanhei na primeira delas. O problema foi que os médicos constataram metástase em seu líquido abdominal e, mesmo sem saber sobre isso, ela lutou como uma leoa. Só que não teve jeito, seus exames apresentaram alterações muito severas.

Eu me despedi dela na cama de hospital, quando ela já estava convalescendo, mas ainda consciente. Abracei a minha Bia e ela me disse:

— Muito ruim perder alguém que a gente ama, né?
— Do que você está falando?
— Você sabe muito bem do que estou falando...

Daquele momento em diante, senti que ela estava partindo, e realmente aconteceu poucos dias depois.

— A Bia foi embora. — Minha irmã mais velha, a Irene, contou pra mim por telefone.

Corri para o hospital e a vi deitada. Ela estava em paz, como se estivesse apenas dormindo. Não sofria mais.

A minha maior dor foi quando fecharam o caixão, porque a "ficha caiu" e meu choro veio em compulsão. Eu não acreditava que a minha Bia, *a minha Bibi*, tinha ido embora. Até hoje acho que meu telefone vai tocar e do outro lado vou ouvir uma voz doce:

— Oi, mana, e aí?! Como você tá?

Por ser a irmã caçula, ela me tratava como um pequeno bibelô. Era uma pessoa que conhecia meu silêncio, só de observar a expressão do meu rosto, o meu olhar, sabia quando eu estava triste, feliz, ou se tinha algo me incomodando. Quando ficava um tempo sem falar com ela, "enfiada em minha toca" — como dizia —, imediatamente ela sentia que eu estava triste por algum motivo.

Brigas não existiam entre a gente, as pequenas discussões duravam cinco minutos, porque já nos abraçávamos e, às vezes, até chorávamos juntas dizendo o quanto éramos importantes uma para a outra, e que não valia a pena brigarmos por coisas insignificantes.

A morte dela levou uma parte de mim que nunca mais vou recuperar, no entanto, o que procuro sempre me lembrar é do sorriso lindo e puro que ela tinha, e valorizar os presentes que a vida me deu mesmo depois de tão grande dor, como quando me tornei avó, perto dos 50 anos.

No início, ver a Rafaella grávida foi um susto. Eu me perguntava se daria conta daquela nova experiência, mas a verdade é que sempre quis ter um filho homem e Deus me deu um neto, o Miguel, no dia 7 de fevereiro de 2013. Lembro até hoje de como gritei de alegria quando soube que seria um menino.

— Mãe, o filho é meu e parece que você é que está grávida!
— A Rafa se surpreendeu com a minha reação.

O que sonhei em um neto esse menino tem; é uma criança de 9 anos apaixonante, dócil, carinhosa, educada, que não dá trabalho nenhum. O prazer que não tive no passado como mãe, por conta da minha imaturidade e dos desafios da minha carreira profissional, tenho com ele hoje.

A Rafaella e a Antônia devem ter sofrido muito comigo porque eu não tinha vocação nem habilidade para ser mãe. Filho pra mim era muito mais responsabilidade que prazer, eu não tirava um tempo pra brincar com elas, por exemplo. Claro que eu as amava incondicionalmente, não é esse o caso, elas são as minhas eternas nenéns, minhas princesas. Duas meninas de alma e caráter incríveis; acho que nesse ponto eu acertei na educação delas, porque consegui que desenvolvessem um lado humano bastante generoso e solidário.

E a Rafa tem se mostrado uma supermãe, dá de mil a zero em mim com certeza. Já eu, descobri que levo jeito para ser avó, no meu caso é pura verdade aquela máxima de que fazemos pelos netos o que não fizemos pelos filhos; os erros que cometi com as meninas não repito com o Miguel, e em qualquer situação estou ao lado dele.

De vez em quando eu o "roubo" da mãe para passear, porque na presença da Rafa, às vezes ele fica chatinho, mas quando estamos só nós dois, ele me obedece e nos divertimos muito, rimos e brincamos.

É um amor tão grande que sentimos um pelo outro que até sufoca. Todo "santo" dia ele se declara, teve noites de me acordar para dizer:

— Meu amor por você é maior do que todo o universo. Você é a melhor avó do mundo!

Desde que nasceu, ele e a mãe moram comigo. Essa experiência tem me trazido muito orgulho e felicidade, mas apesar de ser uma avó babona, também imponho limites. Na hora que precisa brigar eu brigo, e não faço tudo o que ele quer. A Rafaella confia em mim porque sabe que não me intrometo na educação dele. Faço só o que ela determina.

Graças a Deus o Miguel sempre foi muito saudável, emotivo e humano, uma criança sem preconceitos. Para ele não importa a cor, raça ou classe social, todas as pessoas são iguais porque, em casa, primamos pela igualdade em todos os sentidos, e nos esforçamos para lhe passar bons princípios e valores. Então ele é um garoto muito inteligente, não no sentido de sempre tirar nota dez na escola, mas de ser questionador e sensível para a vida. Se ele vê uma criança na rua, por exemplo, fica indignado:

— Ô, vó! Criança é pra estar na escola, não trabalhando na rua.

Ele tem consciência da minha carreira artística, já fez trabalhos na escola sobre o assunto, mas não é o tipo de criança que vai sair gritando com arrogância: *"Minha avó é famosa, minha avó é famosa!"*. Na verdade, ele acha engraçado quando perguntam se ele é neto de artista.

— Não — ele responde —, não sou neto de artista, sou neto da Cristiana.

Um dia desses ele me disse:

— Ah, vovó, a senhora é a Cristiana Oliveira *também*, né?

— É, meu amor, mas porque você diz *"também"*?

— Porque eu não te conheço como Cristiana Oliveira, pra mim você é a minha vó. Mas você é famosa, né, vovó?

— Acho que sou, Miguel. — Eu lido com isso com muita simplicidade.

Aliás, às vezes ele me faz perguntas que nem tenho resposta:

— De onde você tirou isso, Miguel?

— De nenhum lugar, vó, só quero saber, ué!

Ele adora buscar conhecimento online. Sabe o nome de todos os países, daqueles que a gente nem imagina que existe, e das capitais do Brasil. Apaixonado por futebol, conhece demais sobre o assunto, se perguntarem quem foi o campeão do Brasileirão há 30 anos, ele saberá responder e dará "um show" em adultos.

O meu desejo para esse príncipe da minha vida, é que ele cresça e encontre um mundo melhor no futuro, um mundo mais espiritualizado, saudável e consciente; além disso, que tenha muita saúde e inteligência emocional para lidar com as adversidades da própria mente e do comportamento humano.

Sei que ele vai ser um homem maravilhoso, como as minhas filhas se tornaram mulheres maravilhosas. E a elas também desejo que sejam felizes, saudáveis e equilibradas emocionalmente para lidar com o sofrimento cotidiano, mas que apesar de fortes, tenham o direito de se sentirem fracas às vezes, aceitem o amadurecimento e aproveitem a vida com toda riqueza que ela tem para oferecer.

A minha família de quatro pessoas, formada por elas e o Miguel, é pequena, mas de uma grandeza imensurável, porque o tempo fez com que a gente se aproximasse e se tornasse cúmplices. E quer saber? Vou dar esse capítulo por encerrado, senão vou começar a chorar de amor e emoção.

11

AS SEMIJOIAS E O BIRKEN QUE ME APAIXONEI

A Globo acompanhou metade da minha vida, ela foi a minha segunda casa por 22 anos, de 1992 a 2014. Atuei em 13 novelas, conheci muitas pessoas e vivi várias fases diferentes da emissora: peguei duas gerações, vi profissionais entrarem e saírem da TV. Eu conhecia e conversava com todo mundo, desde a pessoa que trabalhava na limpeza até os principais executivos; mas, apesar da minha história com ela, de repente, precisei me despedir de tudo isso.

Depois de um tempo contraproducente, e sem estar reservada para nenhuma novela, a emissora entendeu que manter o meu contrato seria um gasto impossível de ser mantido e me avisou com dois meses de antecedência sobre a decisão que tinham tomado. Além de mim, outros colegas foram dispensados, desde câmeras, maquiadores e produtores até o pessoal do executivo, porque se tratou de uma postura empresarial.

Principalmente hoje, trabalhando em ambiente corporativo, compreendo essa escolha: a Globo está de acordo com os novos tempos que exige lidar com vários concorrentes; antes eles se resumiam apenas às televisões abertas, mas agora os streamings e a internet também estão ganhando espaço nesse mercado.

Em momento nenhum tive as portas fechadas ou vivi algum problema lá dentro; pelo contrário, quando vou à emissora, sou extremamente bem tratada. A minha tristeza com o desligamento foi mais no sentido de pensar:

— Nossa! Agora vou ficar saudosa...

No entanto, é natural que a carreira de uma atriz tenha momentos de evidência e de anonimato e isso nunca interferiu na minha autoestima; na verdade, essa cobrança é mais forte do público para comigo, do que o contrário.

— Você está tão sumida, o que foi? — Ouvi muito por aí. — Te congelaram na Globo? Porque você é uma atriz global e...

Foi uma fase difícil, não só porque precisei despedir dos meus colegas — até porque, volta e meia, ainda cruzo com eles —, mas principalmente por deixar o lugar onde trabalhei por tanto tempo. Faz nove anos que não atuo na Globo e, claro, sinto saudades. Essa mudança foi triste pra mim, fiquei bem abalada emocionalmente e me perguntei:

— E agora, como vai ser?

Entrei em contato com uma *life coach*, a Ailin Schiavetto; fiz dez sessões que foram um divisor de águas na minha vida, e essa mulher incrível me fez ver o mundo de outro forma. Escolhi viver novos aprendizados e descobertas, afinal, quando afrouxamos nossa resistência às mudanças e deixamos outras coisas nascerem dentro da gente, as oportunidades surgem.

Embora os convites para atuar continuassem chegando, eu queria encontrar um jeito de exercer minha profissão com mais liberdade de escolha, sem o desespero de aceitar qualquer papel, porque depois de 32 anos de experiência, eu me importo ainda mais em interpretar personagens que mexam comigo e me obriguem a estudar, ir além. Precisava encontrar um caminho paralelo, fora da área cultural que é bastante desafiadora no Brasil, mas que também tivesse a ver comigo.

— No que eu sou boa? — perguntei a mim mesma. — Em lidar com gente, comunicação e vendas.

Lembrei de como sempre quis ser empreendedora, e de como gostava de joias — principalmente das antigas que são passadas de mãe para filha. Tive a ideia de montar um negócio no ramo; primeiro pensei em produzir aquelas que durassem gerações, mas refleti sobre a situação econômica do país e não tive certeza de que seria a melhor escolha, a não ser que investisse em semijoias.

Desenhar nunca foi meu ponto forte, mas eu conseguia imaginar as peças que queria vender, ligava para um designer, contava o que tinha pensando, e ele desenvolvia o produto, no entanto, percebi que se quisesse continuar desse jeito, sozinha eu não daria conta e teria que montar uma equipe. Achei melhor procurar por fornecedores que vendessem semijoias prontas e dentro do meu estilo, do que gostaria de vender.

A ideia deu certo e me fez viajar o Brasil inteiro para apresentar as semijoias em diversos tipos de eventos. Apesar de também participar das vendas — afinal, sempre gostei disso —, eu tinha dois vendedores que me acompanhavam. No final das contas, foram dois anos nesse ritmo e vendi muito.

Mesmo trabalhando no mundo corporativo, *não deixei de ser atriz, porque esse é, e sempre será, meu principal ofício*, então, quando as boas oportunidades vieram, eu imediatamente aceitei os convites.

De 2017 a 2018, atuei na segunda temporada da peça *Feliz por nada*, e tive uma crise de coluna muito séria que me fez andar de muleta. Chegava mancando no teatro, mas ao subir no palco todo sofrimento ia embora. Ao fim do espetáculo, a dor voltava. Isso me faz pensar como a arte cura, é mágica, abençoada e nos capacita para ir além dos nossos limites. Também foi a primeira vez que trabalhei na TV Record, com a novela *A Terra Prometida* e, nas telonas, fiz parte do elenco de dois filmes que estrearam em 2019 e 2021, *Eu sou brasileiro* e *Por que você não chora?*.

Consegui unir a profissão de atriz com meu novo empreendimento, mas chegou num ponto que me senti muito desgastada e percebi que precisava encontrar outro tipo de negócio para ser capaz de trabalhar em duas carreiras.

Pouco tempo depois, dois amigos meus de São Paulo-SP, que trabalhavam com uma linha de cosméticos sensuais de luxo, pediram para me apresentar ao fabricante com quem trabalhavam, pois ele tinha dito que gostaria de fazer um perfume que levasse meu nome. Como minha alma empreendedora estava atenta, achei a ideia interessante e marquei um jantar para conhecê-lo.

Sentada do lado de fora do restaurante, esperei por um homem de calça social, camisa e um sapatinho bem lustrado, estilo muito usado por empresários, mas, de repente, eu me dei de cara com um homem usando camisa de linho, manga dobrada até o cotovelo, uma calça jeans rasgada — que adoro — barba, cabelo encaracolado e ainda um chinelo Birken. Olhei pra ele e pensei:

"Pelo amor de Deus, é o homem da minha vida!"

Na mesma hora percebi que ele "era dos meus". Eu sou toda simples, até "bagaceira" como hoje ele diz, e na minha frente estava um homem igualzinho a mim, que fugia daqueles estereótipos de "empresário". Era o Sérgio Bianco, com quem hoje vivo um relacionamento há quatro anos.

Em 2018 ele me convidou para fazer parte do grupo de sócios da D´Bianco Professional e antes de aceitar o convite fiz muitas pesquisas, entreguei vários produtos da marca para amigos e *influencers*. O *feedback* foi incrível e, com o sucesso, aceitei. Dois anos depois, em 2020, também criamos a minha própria marca, a C.O. Cosméticos.

No início, o maior desafio foi meu desconhecimento de causa, já que eu nunca tinha entrado na área corporativa. Fiz vários *workshops* e cursos para entender do assunto, e acabei entrando em um universo desconhecido pra mim, mas *apaixonante*, porque adoro meu trabalho como empresária.

Não é só sobre ter a minha cara estampada no catálogo de produtos; além de usar, sim, a minha imagem, sou diretora de comunicação e dou palestras motivacionais aos clientes que, na maioria, são mulheres. Embora eu não seja *coach* ou especialista na área de vendas, tenho muita vontade de fazer as coisas acontecerem e faço tudo com paixão — é isso que passo em minhas apresentações, o valor da oportunidade que as pessoas têm nas mãos quando adquirem nossos produtos, falo sobre autoestima, da vontade de empreender e vencer; tudo de acordo com o que vivo, as minhas buscas e o meu autoconhecimento.

Descobri que gosto desse contato humano, de presenciar a conquista das minhas clientes e estar perto delas; meu envolvimento não é única e exclusivamente por dinheiro, mas também por realização pessoal.

Não tenho ambições desenfreadas. Quando era jovem, sempre que agia de forma desequilibrada, tudo dava errado na minha vida; como quando quis ser magra, exagerei e me tornei linda por fora e insatisfeita por dentro. Aprendi com as experiências, por isso hoje busco harmonia, não vou deixar tudo de lado pra ganhar e ganhar dinheiro.

É claro que uma empresária deseja que seu produto venda — e muito —, mas às vezes isso requer uma dedicação grandiosa que nos faz não ter tempo pra nada, por isso, meu objetivo não é tornar a marca conhecida internacionalmente, faturar milhões e estourar a boca do balão. Se isso acontecer, ok, maravilhoso, mas não vou deixar de lado as prioridades da minha vida para lutar por essas coisas. De verdade, só o que quero é uma velhice confortável.

Pode ser que eu seja empresária até o último dia da minha vida, e também pode ser que não e, como sempre mudei muito ao longo do tempo, não gosto de fazer planos. Fato é que o mercado da beleza é bastante rentável, mesmo com as crises que vivemos nos últimos anos o ramo só cresce, mas é preciso se reinventar a cada nova oportunidade, sendo assim, vou continuar me atualizando, ganhando conhecimento e trabalhando com muita paixão.

ONDE SE GANHA O PÃO, NÃO SE COME A CARNE

Se eu não tivesse me jogado em tantas relações erradas depois de terminar com os pais das minhas filhas, eu teria vivido menos problemas até encontrar o Sérgio Bianco. A verdade é que a dependência emocional foi outro problema que a baixa autoestima me trouxe. No passado, ela me fez uma mulher viciada em paixão, como se existisse em mim um lado infantil "apaixonado por se apaixonar", e incapaz de compreender a transformação natural dos sentimentos em amor, porque a chama da paixão me fazia sentir aceita e valorizada.

Quem notava o que acontecia comigo, tentava me despertar em relação ao valor que eu me dava, porque eu me colocava em relacionamentos que me puxavam para baixo, vivia uma submissão emocional no sentido de que, se aquele "cara" levantasse um pouco a voz, ou fosse mais duro comigo, eu me diminuía. E se levasse um chute no traseiro, então? Meu mundo caía, eu me via rejeitada e vazia.

— Olha o mulherão que você é, Cristiana! — meus amigos diziam. — Você tem a própria grana, sucesso profissional, é dona de si, livre para fazer o que quiser e na hora que quiser. Precisa se sentir assim?

Hoje vejo que não era sobre amar o outro, *mas sobre ter desprezo por mim mesma*, afinal, *eu* me rejeitava e para me sentir "alguém" precisava daquele relacionamento, mas, infelizmente, quando você está "no olho do furacão", não consegue identificar o seu erro para se libertar.

Com o Sérgio sim, vivo pela primeira vez, um relacionamento maduro, de calmaria, equilíbrio e longevidade. Ele é um "cara" fantástico, com defeitos e características diferentes das minhas, mas que me faz feliz, respeita a minha individualidade, sabe que sou diferente dele e mesmo assim está tudo bem. Acho que nosso relacionamento dá certo porque antes de amarmos um ao outro, nós nos amamos primeiro; é claro que ainda tenho resquícios de baixa autoestima, mas o envelhecimento transformou a Cristiana em uma pessoa mais bem resolvida.

Hoje entendemos a importância de aceitar o outro exatamente como ele é, e temos consciência de quais atitudes podem trazer resultados indesejáveis. A gente sabe, por exemplo, que não pode "rolar" aquela coisa de "grude" para que tudo dê certo. Nós moramos juntos em São Paulo-SP, mas uma vez por mês eu vou para o Rio de Janeiro-RJ e fico uns dez dias com minhas filhas.

Com o amadurecimento, você também percebe que não é trocada se o seu marido decide passar um tempo com os amigos. Eu não gosto de futebol e ele ama, têm dias que ele quer assistir ao jogo e eu não invento um compromisso para tirá-lo de casa. Do mesmo jeito, ele também respeita quando decido tomar um vinho com as minhas amigas. Isso é uma relação saudável.

A gente é muito parecido em algumas coisas. O Sérgio é tão simples, humano e brincalhão quanto eu, tiramos a roupa do corpo para dar a quem precisa, e nos sentimos sensibilizados quando não podemos ajudar. Somos maravilhosos como amantes, cúmplices e amigos. Ele é um "cara" da minha idade, tenho 58 e ele 59, com uma inteligência emocional talvez melhor que a minha, e um senso de humor que admiro.

Nossas diferenças estão na objetividade e sensibilidade. Enquanto ele é pragmático, eu sou mais romântica, do tipo que às vezes ultrapassa o limite da bondade e acaba facilmente sendo dobrável e manipulável, mas a gente se complementa tanto que ele entrou na minha vida pra dizer:

— Para de ser boba, Cris!

Sempre confiei demais nas pessoas e me machuquei por causa disso. Se me pedissem dinheiro e eu não tivesse para dar, era capaz de fazer um empréstimo porque, mesmo que não pudesse, queria ajudar todo mundo. O Sérgio me fez enxergar que, muitas vezes, era explorada, portanto, se conquistei o que tenho com luta e de forma honesta, dizer "não" para essas pessoas mal-intencionadas me faz inteligente, não alguém ruim ou menos humana.

Pô! A gente se gosta demais. Da minha parte foi amor à primeira vista, mas ele deve ter se apaixonado aos poucos — na verdade, ele não me diz essas coisas; como comentei, a romântica da relação sou eu. Tenho certeza que se eu perguntasse, ele me diria:

— Sei lá em que momento me apaixonei por você, Cris! Quando vi, estava apaixonado!

Mulher é diferente... Faz toda aquela firula e lembra a roupa que o "cara" usou no primeiro encontro, já o Sérgio esquece até o dia do meu aniversário, mas me divirto e levo tudo com bom humor.

Quando nos conhecemos, ele namorava e ficou "na dele". Eu também "segurava a minha onda" porque era uma relação de negócios, a tal história de *onde se ganha o pão, não se come a carne*. Só que, um dia, bebi champanhe um pouco além da conta e dei "mole" pra ele... No entanto, pelo homem correto que é, a gente se aproximou depois que ele terminou com a namorada.

As minhas filhas veem o Sérgio como o segundo pai delas, não que ele tenha essa intenção, mas é que o comportamento dele é de um "cara" que afaga. Ele é família e tem amigos do tempo de infância, enquanto eu sou descompromissada como qualquer carioca, tenho pouquíssimos amigos e quando meus pais morreram, minha família começou a se afastar — a novidade é que com essa história de grupo de WhatsApp estamos nos reaproximando aos poucos e está sendo ótimo.

O Sérgio que me trouxe a sensação gostosa de "família" de novo, porque a parentela dele é gigante e superunida. No Natal, a gente se reúne em 60 pessoas que vêm de todo canto do Brasil, e os pais dele, irmãos, primos e sobrinhos me recebem muito bem... Acho que isso é bem coisa de mineiro do interior, já que ele era de Juiz de Fora-MG.

É... Eu me encontrei nesse relacionamento. Não tenho nenhum amigo ou parente que não ame o Sérgio de paixão. Meu neto então, nem se fale, ele é louco pelo "tio Sérgio", como o chama. Em casa, somos duas mulheres convivendo com o Miguel, por isso, quando meu marido vem, eles brincam de futebol, de basquete... fazem coisas de menino e o meu neto adora.

Ele é um homem que admira minha carreira como atriz, *mas fala que não gosta de me ver beijando na boca*, mesmo que seja em trabalhos que fiz quando jovem. Só que ele confessa tudo com

bom humor e leveza, e eu me divirto. Talvez se fosse o contrário eu também sentiria ciúmes. Apesar de entender o meu trabalho, vibrar com cada cena que faço, admirar minhas vitórias e me incentivar, ele não quer me ver beijar na boca — *ah, eu precisava repetir isso porque é um barato!*
Entre nós existe diálogo, e sabemos o melhor momento pra isso. Deixo muito claro o que não me agrada, e ele faz o mesmo comigo, porque hoje, com 58 anos, eu me considero mais equilibrada emocionalmente: embora tenha momentos de tristeza, em que me sinto perdida, na maioria do tempo sou uma mulher consequente, que pensa antes de agir e, principalmente, sabe o que gosta e o que não gosta.

É claro que não somos um casal perfeito, mas se eu puder escolher, quero envelhecer ao lado do Sérgio. Foi o amadurecimento que me trouxe essa certeza, porque me sinto *outra mulher depois dos 50 anos.* Hoje faço o que gosto e não o que sou obrigada a fazer, sei quem são os meus amigos verdadeiros, aprendi a diferenciar o amor da paixão, a olhar para trás e identificar os meus erros e acertos. Por essa razão discordo da ideia de se valorizar tanto a aparência física e se apegar à questão da idade. A verdadeira beleza vai muito além disso: está na maneira de enxergar o mundo e as pessoas, e nos atos de generosidade.

O amadurecimento também me fez perceber que a vida é curta, e que se você não olhar para o lado bom das coisas, perderá seu tempo. Sei que sou privilegiada perto da realidade que se vive no país, porque tenho casa, conforto e um trabalho que amo enquanto muitos mal conseguem colocar comida na mesa, cuidar dos filhos ou ter um teto para morar. Só que, independentemente disso, é preciso buscar o lado positivo das coisas como eu fiz mesmo passando por dificuldades, afinal, como você já sabe, perdi muita gente que amo, tive depressão, síndrome do pânico e obesidade.

Os meus princípios sempre foram os mesmos, mas a idade também me fez reavaliar e aperfeiçoar os meus valores que, com certeza, são melhores que há 20 ou 30 anos. HOJE SOU OUTRA MULHER, mais feliz, mais decidida, e vivendo ao lado de quem amo de verdade.

RECORD, AÍ VOU EU!

Em 2016, por intermédio de meu empresário, fechei contrato para trabalhar pela primeira vez na TV Record, e eu fui muito bem acolhida pela emissora. Em toda equipe de *A Terra Prometida* e *Topíssima*, novelas em que atuei, existia uma unidade de desejo, uma vontade de que o trabalho desse certo para todo mundo. Havia amizade e união entre os colegas de elenco, diretores e o pessoal da produção, um relacionamento que vai além das gravações; a gente sempre se encontrava para bater um papo e fazer churrasco, porque existia, e ainda existe, um carinho muito grande entre nós.

Meu primeiro papel na emissora foi como a vilã Mara, em *A Terra Prometida*, uma novela bíblica que se passava numa época completamente atípica: 1200 a.C., momento em que o povo hebreu atravessou o Mar Vermelho e fugiu do Egito. Ela era o inverso da fé que a maioria da sociedade vivia, uma politeísta, que acreditava em vários deuses. Para interpretá-la, fiz um estudo profundo do Velho e do Novo Testamento da Bíblia, entrevistei pastores e li até mesmo a Torá, que é o livro sagrado dos judeus, para entender todo o contexto do período.

Interpretar personagens bíblicos sempre é um grande desafio, porque tudo se baseia em um material apenas escrito, que é a Bíblia, e numa realidade muito distante, vivida antes de Cristo. Podemos até assistir a filmes que tratam do mesmo tema e observar a interpretação de vários atores, mas mesmo assim não é o mesmo que ver pessoas reais, parecidas com os personagens, e nos inspirar.

O que se percebe é que os sentimentos e os comportamentos humanos são atemporais, como o amor, a paixão, o ódio, a raiva, a inveja, e a questão do bem contra o mal; mas mesmo assim, no passado, a moral era um conceito mais rigoroso, não se existia uma análise psicológica sobre o certo e o errado, tudo era inexorável, sem meio-termo, e uma justiça baseada no "olho por olho e dente por dente". Assim, muitas coisas não podem ser comparadas com o tempo atual, mas, apesar dos desafios, amei o resultado do meu trabalho como Mara.

O ritmo de gravação da TV Record é igual ao da Globo, ou às vezes até mais frenético, e como minha personagem era uma das principais vilãs, eu gravava muito. A emissora virou a minha segunda casa por três anos, ainda que espaçados, porque trabalhei em 2016, 2017 e depois em 2019, e eu amei a minha nova rotina.

Com *A Terra Prometida*, meu interesse por temas ligados à religião aumentou. Antes, quando fiz Maria em *Paixão de Cristo de Nova Jerusalém*, já tinha começado a pesquisar sobre histórias bíblicas, li inclusive um evangelho apócrifo em formato de diário, como se ela mesma contasse o momento em que foi avisada por um anjo que seria a mãe de Jesus. Essas experiências, trazidas por personagens bíblicas, fez com que eu me aproximasse ainda mais de Deus, e hoje sinto que tenho uma fé sem tamanho.

Três anos depois de *A Terra Prometida*, em 2019, fui chamada para trabalhar em *Topíssima*, como Lara Alencar. Nessa oportunidade, contracenei com a Camila Rodrigues que fez o papel da minha filha; com o Maurício Mattar que era meu marido; o Floriano Peixoto atuou como meu irmão; e também as atrizes Cássia Linhares, Pérola Faria e outros colegas.

Filha única, portanto, única herdeira de várias universidades que existiam no Brasil, a Lara era uma atriz em decadência e socialite que optou por não trabalhar. Mega vaidosa, era uma mulher de meia-idade que se achava menininha, fez dezenas de cirurgias plásticas e não aceitava que a chamassem de "senhora". Quando jovem, engravidou de um amante e, para esconder a barriga, decidiu mudar para a Europa. Lá, deu à luz uma menina que entregou em orfanato quando voltou para o Brasil. Anos depois, já adulta, a filha reapareceu e os conflitos começaram.

Superengraçada e muito bem escrita pela autora Cristianne Fridman, ela era uma vilã cômica que não causava raiva nos telespectadores. Aprontava à beça, mas era tão ridícula e exagerada que tudo virava comédia. Foi uma das melhores personagens que já fiz, *juro*, porque eu não precisava me esforçar para ser cômica, era só pegar o texto e interpretar, pois as falas dela e as situações que vivia já eram hilárias.

Ela se prestava ao ridículo achando que estava arrasando. Quando a filha assumiu a presidência de uma universidade do Rio de Janeiro, a Lara resolveu fazer uma coreografia do musical *Cats*, vestida e maquiada como uma gata, na frente de todos os alunos. Também me diverti demais nas filmagens em que ela tentava subornar um policial e ia presa. Atrás das grades, ela ensinou os detentos a sapatear, depois convenceu uma guarda a deixar o cozinheiro dela levar um prato supersofisticado, com talheres de prata e uma louça caríssima, até a delegacia.

Para interpretá-la, contei com a ajuda do *coach*, ator e diretor, Marcelo Bosschar, um profissional incrível, culto e inteligente que trabalha na preparação de muitos atores. Tivemos alguns encontros para criar uma Lara que, mesmo cheia de exageros, não fosse caricata, já que ela parecia uma atriz canastrona que exacerbava em tudo, desde a gargalhada até o sofrimento, por isso era uma linha perigosa e tênue, fácil de ser ultrapassada. Talvez, em alguns momentos, eu tenha caído numa caricatura sem querer, mas é assim que se aprende. Em um próximo trabalho, provavelmente já saberei o equilíbrio desse tipo de personagem.

O esforço valeu a pena, porque o público adorou a Lara; quando ela morreu, houve uma comoção:

— Ah... Ela não pode morrer. Agora a novela não vai mais ter graça.

Eu me apaixono pelas personagens que interpreto, por isso entendo a reação do telespectador; tanto quanto ele, sinto raiva, amor e outras sensações. Se assisto às cenas enquanto ainda estou em período de gravação, costumo ser muito crítica e chego a ser cruel comigo mesma. No entanto, se passam dois ou três anos e decido rever a novela, esqueço que sou eu do lado de lá e me divirto torcendo pela história.

Com o fim das gravações de *Topíssima*, voltei às telas do cinema, gravei *Uma Carta para Ferdinand* em 2020, de Anderson e Kleber Dresch; e em 2021 vivi a estreia de *Por que você não chora?*, da diretora Cibele Amaral e *Eu sou brasileiro*, gravado enquanto eu ainda trabalhava com semijoias. Por isso, em menos de dois anos, aconteceram a estreia de três filmes em que atuei, um atrás do outro. Além desses, também gravei o filme *Os suburbanos* que ainda será lançado.

Amei fazer a Carmem em *Eu sou brasileiro* porque ela era uma mulher muito sofrida que, aos 60 anos — eu estava com 54 —, tinha engordado demais, ganhado cabelos brancos, era viúva e sedentária. Assumi a condição de mãe, costureira, pobre, que sustenta um filho, o que era uma personagem muito distante da minha realidade, então foi um desafio delicioso de vencer. Deixei a vaidade de lado, mantive uns quilinhos a mais e permiti que meus fios brancos aparecessem.

Fizemos todas as cenas em Indaiatuba, uma cidade do interior de São Paulo, ao lado de colegas que adoro como as atrizes Fernanda Vasconcellos, Letícia Spiller, Zezé Motta e o ator Daniel Rocha, que fez o protagonista.

Já em *Por que você não chora?*, interpretei a psicóloga e professora de psicanálise, Do Carmo. Trabalhei com a Bárbara Paz, uma ótima atriz, tratando de um tema muito sério que é a síndrome de borderline — eu me inseri nesse universo e estive com pessoas que enfrentam o transtorno.

Meu maior desafio, mas também o que me fez apaixonar pelo trabalho, foi trazer a linguagem científica e técnica que a profissão da minha personagem exigia. Segundo a diretora do longa, eu me apropriei tanto da Do Carmo que consegui interpretá-la de uma maneira natural.

A comédia *Os suburbanos* foi outro projeto maravilhoso com o ator Rodrigo Sant´Anna que fez o protagonista "Jefinho" — ele é muito engraçado e me diverti nos bastidores de gravação. Com o *Gatão de Meia Idade*, eu já tinha feito uma personagem cômica em filme, mas dessa vez meu papel foi ainda mais desafiador: interpretei uma perua superengraçada que se apaixonava pelo jardineiro dela.

Minha participação em *Carta para Ferdinand* foi um presente do diretor Fabio Cabral, meu amigo. Ele incluiu uma personagem no roteiro para me prestar homenagem. Achei fantástica a atitude dele e me senti muito grata e feliz, ainda mais pelo longa ser a história de Joinville adaptada para comédia.

Na verdade, minha estreia nas telonas foi com *Os Trapalhões e a árvore da juventude*, em 1991, dirigido por José Alvarenga Júnior; depois fiz *Gatão de Meia Idade* em 2005, com o diretor Antonio Carlos da Fontoura; e *Nossa Senhora de Caravaggio*, em 2007, com direção de Fábio Barreto.

Existem três diferenças básicas quando se atua no teatro, na novela ou em filmes.

No palco, você tem que ser visto desde a primeira fileira da plateia até a última. Por esse motivo, todas as expressões faciais e corporais precisam estar vivas — da "unha do pé" até o "último fio de cabelo" –, além disso, é exigido ótima potência e projeção de voz, nada pode ser feito de maneira minimalista, ou natural demais.

Já na televisão, o corpo deve ser trabalhado, principalmente, da cintura para cima, onde a câmera costuma focar, e de maneira mais sutil que no teatro. No cinema, acontece da mesma forma, mas, como a tela é gigante e o espectador consegue notar os detalhes, o trabalho de interpretação deve ser ainda mais minimalista, a não ser que a direção do filme exija algo diferente; por isso acho que é nas telonas onde desenvolvemos maior naturalidade.

Quando penso no futuro, eu me vejo trabalhando até o último dia da minha vida, como fazem as atrizes Fernanda Montenegro e Nathália Timberg que, com seus 90 e poucos anos, ainda interpretam personagens maravilhosas. Se Deus me der essa mesma condição, *meu amor*, serei a pessoa mais feliz do mundo, afinal estar próxima dos 60 anos não significa que a vida acabou, muito pelo contrário, ela está só começando.

12

VOU LÁ E VOU ARRASAR... SQN!

Quando o assunto é autoestima, posso dizer: minha vida foi cheia de altos e baixos. É por isso que não terminaria este livro sem falar sobre o tema, e de uma forma íntegra, sendo verdadeira, porque quero expor a minha verdade sem medo de falar o que vivi, senti, ou ainda sinto.

Até os meus 50 anos eu não tinha tanta clareza do que acontecia comigo, não olhava para dentro de mim e percebia os desafios que tinha vencido na vida, muito menos o quanto eles haviam me engrandecido e me tornado uma mulher madura, mais forte.

Talvez isso nunca tenha sido notado por quem me acompanha pela televisão, cinema ou teatro, já que ligamos a fama ao poder, achamos que se uma pessoa é famosa, ela se ama e se aceita, mas mesmo com todo sucesso da Juma, na versão de 1990 de *Pantanal*, e tendo sido capa em mais de 150 revistas ao longo da minha carreira, eu não me via dessa forma.

Desde muito jovem, foi uma briga comigo mesma perceber que a crítica alheia não era tão importante. Sempre o que o outro pensava a meu respeito me imobilizava, fazendo com que eu me sentisse "nada" se não tivesse aprovação. Era uma falta de consciência do meu valor.

Se depois que gravasse uma cena pra novela, ou me apresentasse numa peça de teatro, não chegassem e dissessem:

— Nossa, Cristiana, *você arrebentou!*

Eu achava que minha atuação tinha sido uma porcaria, pois era tão insegura que precisava do aplauso do outro para me valorizar. Se me fizessem uma crítica negativa dentre 20 mil positivas, eu dava atenção àquela única negativa; era como se minha autocrítica não existisse ou sempre fosse aquém da felicidade. Só que eu não conseguia identificar a raiz do problema, o motivo que me fazia agir dessa forma, mesmo passando por terapia desde os meus 10 anos.

Na verdade, eu era uma menina confusa: sabia que algo me doía, mas ao mesmo tempo não entendia o porquê de tudo aquilo. Minha paixão por psicologia sempre me fez pesquisar temas da área, então era capaz de ajudar quem desabafasse comigo, porém, não conseguia resolver os meus próprios problemas.

Acredito que, dentre outras coisas, isso seja fruto da minha geração, pois fui ensinada a dar muita importância à opinião alheia, e a ver como arrogante quem agia seguro de si. Minha mãe dizia que eu precisava ser simples, comportada e educada; não devia demonstrar muita alegria porque isso desagradaria a Deus, por isso, o melhor era ser neutra e não me expor. Ou seja, nunca me ensinaram a manter a autoestima lá em cima.

Junto a isso, minha adolescência foi marcada pela rejeição: como comentei em outros capítulos, nessa fase vivi a obesidade e a crítica da minha professora de balé que me chamou de "hipopótamo". Por consequência, sinto que minha passagem para a vida adulta foi um parêntese na minha vida, como se eu ficasse enclausurada na adolescência e não amadurecesse. Eu me fechei e me tornei mulher com cabeça de menina, inocente, com poucos relacionamentos, sem aprender muita coisa, porque estava o tempo todo focada em emagrecer, não em me aceitar.

Às vezes, como se bem lá no fundo eu soubesse que poderia ir além, até me dizia:

— Vou lá e vou arrasar!

No entanto, mesmo que entregasse o melhor de mim, enquanto o outro não me elogiasse, eu não me convencia disso. Sempre me questionava depois de realizar meu trabalho:

— Meu Deus, será que fui bem? Não me elogiaram e "fulano" me olhou de um jeito tão estranho...
Hoje, sim, eu consigo falar com orgulho:
— Vai lá, Cristiana. Sei que você vai conseguir! E se não der certo é porque não era pra ser.

Só que houve um processo para que eu alcançasse esse resultado, foi o envelhecimento que me transformou. Aos 50, decidi não perder mais tempo com sentimentos destrutivos, até porque, quanto tempo ainda terei de vida? Trinta anos? Se eu tiver condições de viver bem mais que isso, ok, vou viver, mas se for para dar trabalho aos outros, *meu bem*, não adianta.

Eu me dei conta que, se quisesse ter qualidade de vida, não teria outra alternativa a não ser me aceitar, afinal, quando você percebe que certas atitudes trazem sempre a mesma consequência dolorosa, o seu corpo e a sua mente dizem "chega!". Se a pessoa tem essa inteligência, sensibilidade e observação quando é mais nova, ela é digna de ser aplaudida de pé, mas não foi o meu caso.

Precisei amadurecer para entender os padrões que repetia e ser capaz de mudar. Percebi os comportamentos que me faziam chegar sempre ao mesmo mal-estar: a autodepreciação. Trabalhei isso em mim e alcancei uma autoestima saudável que, pra mim, é olhar no espelho e gostar do que vejo, tanto fisicamente como pela pessoa que sou. É perceber que estou envelhecendo, tenho rugas e sou diferente de quando era jovem, mas aceitar e não me comparar com a Cristiana de antes.

Além disso, é fazer coisas que me dão prazer sem me preocupar se vou desagradar alguém. Não se trata de arrogância, mas de estar bem comigo mesma, pois ao contrário de quem tem a autoestima equilibrada, o arrogante usa da superioridade como um mecanismo de defesa para esconder a própria insegurança e provar que é melhor que os outros.

O equilíbrio começa quando se compreende quais são os maiores vilões da autoestima: em primeiro lugar, é a educação que recebemos quando pequenos; em segundo, o ambiente onde vivemos; e depois a sociedade. Acredito que a orientação a respeito deve ter início já na infância. É o que faço com meu neto Miguel. Um dia desses ele me disse:

— Vovó, você não me ama!

— Senta aqui... — eu o chamei. — Você é um garoto bonito, saudável, muito querido, educado... Não precisa ficar o tempo todo achando que a vovó não gosta de você. É claro que você faz manha de vez em quando, e é chatinho às vezes, mas isso é normal.

Só que não era o que acontecia comigo, ao contrário disso eu escutava:

— Você tá muito gorda! Tá muito cabeluda, branca... — Era isso o tempo todo. — Ah! Tão bonita de rosto, mas tão gordinha de corpo. — E em outros momentos: — Grande desse jeito nunca vai ser solista.

Eu ouvia e me perguntava:

— Que porcaria eu sou?

Se ao invés disso, falassem:

— Qual o problema de não ser solista no balé clássico? Você pode ser no balé moderno...

A minha reação teria sido diferente, talvez eu fosse capaz de fortalecer a minha autoestima. É por isso que cada vez mais entendo a importância de se afastar dos ambientes tóxicos e ficar perto de quem nos coloca "pra cima". É claro que se distanciar de familiares que nos fazem mal é mais difícil, porque precisamos dessas pessoas e queremos estar perto delas, mas dentro das possibilidades, é preciso estar longe daqueles que prejudicam nossa saúde mental, sugam a energia e nos vampirizam.

Além disso, quem quer uma autoestima equilibrada precisa abandonar a busca pela perfeição — até porque ela não existe — e deixar de lado a história de que a grama do vizinho é sempre mais bonita; que a ex-namorada do seu namorado é sempre mais gostosa, desejável e segura; que seu colega tem mais poder aquisitivo e virilidade. A todo tempo fazemos comparações porque é algo intrínseco ao ser humano, mas ela é uma poderosa vilã da autoestima.

Por mais que exista sororidade, que o público feminino tenha se unido em questões que sempre foram opressoras, é da mulher se vestir para a outra e questionar se somos mais ou menos bonitas que "fulana". Não existe coisa mais frustrante que isso, porque essa expectativa é utópica, nunca chegaremos ao nível de alguém. Somos diferentes e ponto; temos as nossas próprias fraquezas e *qualidades*. Não é questão de ser melhor nisso ou naquilo, é questão de *ser diferente*.

Nesse assunto não existe algo mais monstruoso que rede social. Sei que virou *hit* dizer no mundo virtual "seja você mesma", "aceite-se como você é", mas é preciso ver até que ponto isso é real ou só discurso. Na cabeça de muitas meninas de 12 e 13 anos, a vida das influenciadoras digitais é perfeita, elas são vistas como jovens, magras, poderosas e ricas. Ao não conseguirem ser iguais a essas garotas, sentem-se um lixo e começam a tomar várias decisões erradas por conta dessa busca.

Hoje, muitos filmes de animação procuram despertar o senso crítico das crianças para que elas não caiam na futilidade entregue pelas redes sociais, e eu que sou apaixonada pelo gênero, acho incrível a maneira com que essas produções encontram de ensinar novos valores ao espectador. Gosto que meu neto assista para que entenda essas mensagens, porque houve uma valorização do diferente, eles mostram a importância da família, de se ter amigos de verdade e de ajudar o outro. Quando assistimos juntos, converso com ele:

— Você gostaria de ser tratado como aquele garoto do filme?

— Não, vovó, de jeito nenhum.

— Então preste atenção pra não fazer isso com ninguém, porque as pessoas são diferentes umas das outras e a gente precisa respeitar todo mundo.

Na minha época isso não era assim. Felizmente a indústria do entretenimento percebeu que pode colaborar com o desenvolvimento da autoestima das crianças e dos adolescentes.

Eu tentei fazer o mesmo com as minhas filhas, educá-las de um jeito que tivessem autoestima equilibrada, mas infelizmente não fui capaz. Talvez por ter vivido o auge da minha carreira quando elas eram crianças, a minha ausência gerou nelas uma certa insegurança. Lembro que tentava colocá-las "pra cima", mas como eu conseguiria se eu mesma não tinha amor-próprio? Às vezes me via tendo atitudes iguais às da minha mãe.

— Essa roupa não ficou boa, não! — eu dizia, e segundos depois me dava conta que havia falhado com elas.

Hoje, as conversas que temos são as que eu deveria ter tido antes, mas também são as que deveriam ter acontecido comigo na minha infância e adolescência. Reconheço que cometi muitos erros nesse sentido, mas graças a Deus, posso dizer: minhas filhas se tornaram duas mulheres incríveis.

O TEMPO DELA JÁ PASSOU

Aos 10 anos, eu já via minha mãe como uma "senhora" com seus 53 anos; por esse motivo, cresci com a ideia de que demoraria muito tempo para eu envelhecer, mas não foi bem assim... A velhice chegou e nem adianta rejeitá-la, isso seria extremamente frustrante porque ela é inevitável. Agora, sofrer é opcional.

Eu escolhi envelhecer bem, saber que apesar de não ser mais jovem, estou vivendo um privilégio, afinal, não penso como um amigo viciado em juventude que eu tinha, ele contou que queria morrer aos 60 anos; de fato, nessa idade ele teve um ataque cardíaco e se foi. *Então, n*ão tem jeito, a única saída para não envelhecer é morrer, e eu quero viver.

Vejo essa fase de forma muito positiva, talvez porque me permiti encarar as coisas por outro ângulo. Não tenho receita pronta pra isso, mas acho que quando entendemos que existem milhares de pessoas passando pela mesma situação, a experiência se torna mais leve; e a internet, nesse sentido, pode nos ajudar ao mostrar realidades que são parecidas com a nossa. Só precisamos sacudir a poeira ao invés de nos isolar como se o mundo fosse responsável pelo nosso problema. Acredite: a gente consegue tudo o que quer, basta escolher um caminho de mudança que nos faça bem.

É claro que o tempo é cruel, tudo vai caindo, você vai ficando com mais celulite, mais isso, mais aquilo... Vamos envelhecendo e nos tornando diferentes. É por isso que sou a favor, sim, de procedimentos estéticos, afinal, esse cuidado fortalece a autoestima — desde que isso nos *melhore*, mas não nos *transforme*, claro, pois conheço muita gente que abusou nos retoques e ficou irreconhecível.

Sem contar que ganhamos um acúmulo de gordura que não dá pra eliminar mesmo que a gente emagreça. As mulheres ainda entram na menopausa e engordam de novo, como aconteceu comigo bem na fase que gravei *A Terra Prometida*. Marquei 15 kg a mais na balança e, quando me vi no ar, levei um susto:

— Epa! Dei uma engordadinha.

A saúde também não é mais a mesma, a gente começa a ter milhões de problemas e a tentar preservar o que ainda é saudável. Eu me descobri hipertensa, pré-diabética, intolerante a 150 alimentos, com refluxo e síndrome do intestino irritável; precisei mudar toda a minha alimentação. Um dia ou outro podia chutar o pau da barraca e comer o que quisesse, hoje já não posso nem pensar em fazer isso. As coisas mudam...

E como convivo com esses desafios? Apelo o máximo que posso para alimentos naturais e terapias alternativas. Além disso, *faço exercícios todo "santo" dia mesmo com preguiça*, não consumo bebida alcoólica com frequência, nem muita cafeína, faço respiração de yoga e meditação diariamente, porque meu principal objetivo é ter saúde, longevidade e autoestima equilibrada.

Com o avanço da medicina e da tecnologia, dá para envelhecer bem. Têm tantas senhoras participando de maratonas por aí... Elas são a prova de que dá para ter 90 anos e ficar de pé. Quando eu tinha 15 anos, só existia água de colônia pra limpar o rosto, hoje há milhares de cosméticos pra gente cuidar da pele. Nem é só na questão estética que as coisas evoluíram, o acesso à informação nos desperta para a importância de se cuidar da mente para chegarmos à velhice com autoestima equilibrada também.

Esse tema mexe tanto comigo que, desde 2001, dou palestras para corporações e grupos de mulheres, não para ditar o caminho do equilíbrio da autoestima, mas para contar sobre o meu caso, os sucessos e os fracassos que vivi, de uma forma divertida e verdadeira. Esse projeto me fez perceber como a maior parte das mulheres se sentem frágeis, principalmente aquelas que moram no Norte e Nordeste do Brasil, onde o machismo e a opressão ainda são muito fortes.

A cobrança pelo corpo perfeito pesa muito mais para o lado feminino. O homem careca ou com barriguinha é sexy; já a mulher, quando começa a perder cabelo é considerada um horror. Temos sempre que estar impecáveis, sermos ótimas profissionais e boas amantes. Ah! *Desculpe, mas, dá vontade de mandar todo mundo se f****!! É muita cobrança pra cima da mulher!*

Olha, graças a Deus, já não levo mais isso em conta. Cheguei a um nível de autoestima e aceitação que posso dizer: se me encontrasse por aí, eu me apaixonaria, porque reconheço minhas qualidades, valores e suporto minhas falhas. Estou feliz com o meu corpo do jeito que sou, olho no espelho e me vejo como uma mulher bonita pra minha idade mas, principalmente, linda por dentro, porque a Cristiana de hoje se gosta, e se tem algo que a desagrada, ela tenta melhorar; quando não consegue, *meu amor*, ela se conforma, porque está decidida a não deixar de ser feliz por causa disso.

Agora, é claro que ainda tenho momentos de insegurança, seria hipocrisia dizer que não, até porque essa característica é típica da profissão que escolhi. Quando preciso gravar um *story* para o Instagram não tenho coragem de sair com cara de quem acabou de acordar. Tem gente que não liga pra isso, mas eu tenho a dona Eugênia falando no meu ouvido o tempo todo com seu sotaque mineiro de sempre:

— Oh minha filha, como é que você vai aparecer assim, minha filha? Que coisa feia! Passa um batonzinho nessa boca, menina.

Aliás, presença online, por si só, já é um desafio pra mim. Sou bastante criticada nesse sentido, s minhas próprias filhas dizem:

— Você é autêntica, engraçada, porque não aproveita disso?

A verdade é que não me encaixo nessa ideia de gravar tudo o que faço, desde a hora que acordo até a hora que vou dormir, às vezes fico semanas sem fazer nenhuma postagem. Não nasci em uma era digital, venho de outra geração, de um tempo que isso não existia.

Se é para interpretar uma personagem, consigo dar o meu melhor, só que se preciso expor a Cristiana Oliveira, do tipo "ei, eu estou aqui, eu existo, tenho importância, vejam como sou legal e engraçada, me admirem", não consigo. A não ser que o desafio seja, por exemplo, mostrar a linha de cosméticos que uso para indicar uma marca, porque aí vejo como algo profissional. Do contrário, não. Sabe aquela história "falem mal, mas falem de mim"? Definitivamente, não é o meu caso. Sou mais "me deixem quietinha no meu canto", porque na hora de me expor eu penso:

— Ai, caramba! Isso vai gerar polêmica...

Respeito as pessoas que fazem diferente disso, mas esse não é o meu jeito. Sou capaz de participar de uma reunião ou almoçar com pretensos clientes com a maior naturalidade; ali é a Cristiana empresária oferecendo seu produto. Agora, eu me vender nas redes sociais, dizer que sou uma ótima atriz, por exemplo, não dá pra mim.

Da mesma forma que hoje as redes sociais ditam o corpo ideal, no passado, a televisão exercia essa influência, determinando padrões de beleza e de poderio financeiro. As mulheres acompanhavam as novelas e queriam se parecer com as estrelas que eram sempre jovens, lindas e magras, afinal, se pararmos para analisar, poucas atrizes envelheceram trabalhando na TV aberta, são exceções as que tiveram papéis até seus 80 e poucos anos, porque só os serviços de streaming dão valor às mais velhas.

Se uma atriz, com idade avançada, mantém aparência de mais jovem, pode acreditar que ela vai virar notícia. Isso cansa, afinal existem muitas que, apesar de não serem mais consideradas musas porque envelheceram, são ótimas no que fazem. Infelizmente, a magreza e a juventude são tidas como virtude.

Até os meus 40 anos, eu não me preocupava com isso, porque me fotografava superbem na televisão, mas quando cheguei aos 45, as coisas mudaram um pouco. Além disso, percebo que o espectador também não aceita que o ator envelheça. É comum dizerem: *"O tempo dele já passou!"*.

Há 30 anos, dei entrevista para um programa ao lado da atriz Marília Pera que considero diva da dramaturgia. Já fazia um tempo que ela não trabalhava mais na televisão, e eu disse:

— Nossa, Marília! Você faz muita falta na TV.

— Eu, hein? — ela respondeu. — Trabalhar nessa televisão de hoje que faz a gente parecer maracujá de gaveta?

Essa lembrança me mostra como há muito tempo o envelhecimento das atrizes e dos atores não é aceito. Daqui a 20 anos provavelmente acontecerá o mesmo com os profissionais que são jovens hoje, porém, o que considero mais importante é a experiência vasta de vida que essas pessoas vão ter, não o corpo ou os traços físicos.

Talvez o desafio seja porque quem acompanha a carreira de um ator, ao ver que ele está ficando mais velho, vê a si mesmo envelhecer também. Por isso pode ser que o meu envelhecimento tenha sido até mais fácil pra mim do que na visão do outro que está fixado na imagem da minha juventude. Só que, mesmo o público tendo a Juma de *Pantanal* (1990), a Tatiana Tarantino de *Quatro por quatro*, ou a Alicinha de *O clone* na memória, a verdade é que mais de 30 anos já se passaram desde então.

E quem disse que eu queria ser musa a vida inteira? Ou que me olhassem apenas pela beleza e não notassem como me dedico à profissão? Ao longo do tempo, consegui me desligar do ego, ele não me movimenta.

O mundo é jovem e exclui o velho não só da TV, mas da empresa, da sociedade, do mundo online... Com toda a evolução tecnológica que estamos vivendo o idoso tem que ser visto de outra forma também. Tudo mudou, por que isso não pode mudar?

A má visão sobre a velhice é muito mais do jovem que nos olha com preconceito ao achar que envelhecer é a pior coisa do mundo, e sofrem com antecedência quando pensam sobre o próprio futuro. Quer saber? *Deixe pra sofrer quando o sofrimento vier de fato!* Porque estou entrando nos 60 anos e vivendo algo bem diferente disso.

A juventude é o máximo, sim, mas pena que nessa fase a gente não tem a mesma sabedoria dos 50 e poucos anos. Se fosse possível viajar no tempo, não escolheria ser jovem de novo, talvez visitasse o passado apenas para corrigir alguns erros cometidos aos 20 ou 30, mas depois voltaria para os dias de hoje, porque a vida que eu desejava encontrei agora.

A coragem que ganhei para enfrentar os meus problemas e de pedir ajuda se for preciso, faz com que me sinta mais livre que antes. Mesmo com rugas, flacidez e celulites, estou vivendo a minha plenitude porque... de verdade? O que temos do lado de dentro importa muito mais que a carcaça. É por isso que me esforço para envelhecer com espírito jovem.

Há idosos que a gente adora ter por perto porque têm bom humor e trazem lições de vida, por outro lado, existem jovens com mania de velho que só sabem reclamar e viver mal-humorados. Ou seja, é a velhice interna que pode nos atrapalhar: ser chata, ranzinza... Só que isso, graças a Deus, não sou, e espero nunca ser. *A Krika, mesmo com quase 60, é divertida, gosta de dançar, escutar música e rir.*

Acima de tudo, o amadurecimento me fez entender que preciso me aceitar do jeito que sou se não quiser me destruir antes do meu próprio tempo acabar, por isso lido muito bem com a minha autoestima hoje, sem me importar com o que as pessoas pensam sobre mim. Acredito que a maneira com que *eu me vejo* é o que importa.

Lembro de ter vivido a crise dos 30 por volta dos 35 anos, não por medo de envelhecer, mas pela possibilidade de deixar de ser uma mulher desejada. Hoje não estou nem um pouco preocupada com sedução; se estivesse sozinha, não estaria em busca de um parceiro, mas trabalhando, ganhando meu dinheirinho e viajando, comendo bem, bebendo bons vinhos e vivendo a minha família, porque o meu prazer está nessas coisas.

Então, quando digo que sou mais feliz com meus 58 anos do que antes, é real. Eu me disponibilizei a um autoconhecimento muito profundo que me faz lidar com meus problemas de uma forma que consigo encará-los e tentar solucioná-los; além disso, estou do lado de pessoas que realmente amo e admiro — nunca fui de manter amizades por interesse, muito menos agora que vivo meu equilíbrio.

Quando se está no auge da carreira você não sabe se quem se aproxima é por gostar mesmo de você, ou pela sua fama. Com a maturidade, adquiri discernimento para, seja por intuição ou experiência, saber quem são as pessoas tóxicas que querem me vampirizar.

Os poucos e bons amigos que estão perto de mim hoje gostam da minha essência. Posso estar pobre ou rica, doente ou saudável, atuando ou não, que eles vão continuar do meu lado; e essas são as pessoas que de fato me importam, porque amam verdadeiramente a Krika. Elas já me viram chorar, gritar, viver crises de ansiedade e continuam comigo.

E fazendo um balanço dos meus quase 60 anos, eu me sinto uma mulher vitoriosa. Sempre fui temente a Deus e acho que ele foi bom comigo, pois alcancei a maioria das coisas que orei para ter. Mesmo com os sofrimentos que precisei enfrentar em alguns capítulos da minha história, ele me fez aprender a mudar e, assim, alcançar o melhor porque, apesar de já ter comido o "pão que o diabo amassou", alcancei muitas conquistas e vivi um caminho lindo.

Passei por todas as fases da minha vida fazendo o que desejava, errando o que tinha que errar, aprendendo e, assim, amadurecendo. Amei demais, fui amada e maltratada emocionalmente também, mas sobrevivi, cheguei no fundo do poço, consegui levantar e conquistar uma autoestima equilibrada, porque sou uma buscadora fiel de autoconhecimento.

Então, daqui para frente o que quero é saúde, uma velhice lúcida, decente e confortável. Fazer duas viagens durante o ano, seja no Brasil que é maravilhoso e riquíssimo, ou em qualquer lugar do mundo que eu escolha; usufruir de uma boa gastronomia; tomar vinho com as minhas amigas e ter tempo com a família. E tudo isso trabalhando com o que gosto e deixando um legado, pois não quero ser esquecida depois da morte: desejo deixar uma palavra, uma atitude ou um gesto que seja lembrado pelos que ficam.

— A Cris me disse algo uma vez que me marcou muito... — quero que digam. — Ela me ajudou quando eu precisava.

Sei que eternizei a Cristiana atriz nas novelas. Pessoas que nem conheço se aproximam de mim nas ruas para dizer que admiram o meu trabalho, e não falam simplesmente:

— Ah meu Deus, você é famosa, é a moça da TV.

Na verdade, "rola" uma emoção por causa dos personagens que interpretei ao longo de toda a minha carreira, papéis que geraram identificação com a audiência e marcaram o momento que viviam.

— Você não sabe o quanto foi importante na minha vida! — Ouço dizerem. — Eu assistia a novela com meus pais e você me faz lembrar desse momento tão bom que passei ao lado deles.

As pessoas choram na minha frente porque as faço lembrar de alguma coisa bonita. Isso é gratificante demais, mas também quero deixar marcas inesquecíveis além da ficção, no coração das pessoas que convivem ou conviveram comigo. Por isso, não são mansões e carros de luxo que busco — aliás, nem carro tenho porque vejo como um gasto desnecessário para quem não dirige.

Cada um vive a sua própria história, mas se posso escrever algo especialmente a você, querido leitor ou leitora, que me acompanhou por todas essas páginas, é que olhe para dentro de si mesmo, para a *sua personalidade*. Observe-se, filtre o que gosta e o que não gosta, e mude o que quiser, por *você*.

Para se libertar, abra seu coração ao autoconhecimento, e aprenda que — com todo respeito — a opinião do outro só serve para *ele mesmo*, pois o que fará, de fato, você mudar e amadurecer, é o seu próprio reconhecimento, não o julgamento alheio. Para isso, leia sobre o tema, faça pesquisas na área, ouça outras experiências, contrate um terapeuta, e assim você vai se encontrar e se sentir mais satisfeito com a própria vida, sabendo que, ser feliz por completo não é possível, mas viver momentos alegres e bem aproveitados sim.

Com isso, você estará mais perto de conquistar a inteligência emocional e enfrentar os desafios da convivência em sociedade agindo de forma íntegra, sendo você mesmo, e feliz do jeito que é, porque há quem se sente realizado sendo gordo, outros, magérrimos, e está tudo ok. Afinal, de verdade? *O que precisamos é ser verdadeiros com a gente mesmo.*

Eu aprendi a ser comigo. E você?

FOTOS

CRISTIANA OLIVEIRA COM 10 ANOS.

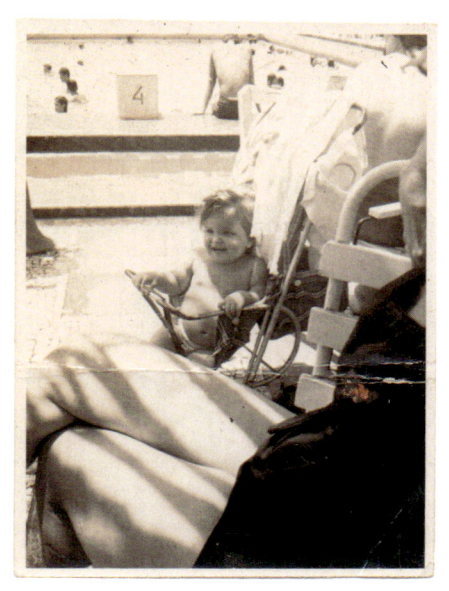

CRISTIANA OLIVEIRA COM 1 ANINHO.

CRISTIANA OLIVEIRA COM 2 ANOS.

CRISTIANA COM SEU PAI OSCAR.

CRISTIANA COM SEUS PAIS E SUA IRMÃ MARIA ELISA, NO VATICANO EM 1995.

"PANTANAL" 1990, COM SÉRGIO REIS, ANDRÉA RICHA E MARCOS WINTER.

CRISTIANA COM SUA FILHA ANTÔNIA DE 1 ANO E MEIO NOS BASTIDORES DE "PORTO DOS MILAGRES", 2001.

GUGU LIBERATO, "VIVA A NOITE" 1990.

COM MINHA IRMÃ MARIA ELIZA, GRÉCIA 1995.

COLÉGIO NOTRE DAME COM 5 ANOS.

RAFAELLA COM 1 ANO EM BÚZIOS.

XOU DA XUXA, TV GLOBO.

JUMA, "PANTANAL" 1990.

COLÉGIO NOTRE DAME COM 4 ANOS.

EULÁLIA, "PORTO DOS MILAGRES" 2000.

DESFILE DA COMPANY, 1983, COM MARZIO FIORINI.

BASTIDORES DE "CORPO DOURADO" 1998, COM GIOVANNA ANTONELLI E DANIELLE WINITS.

NO FAUSTÃO, TV GLOBO 1994.

JUMA, "PANTANAL" 1990.

AS IRMÃS LUCIA (IN MEMORIAN), EUGENIA E IRENE.

DESFILE DE MODA EM LISBOA, 2001.

JUMA, "PANTANAL" 1990.

COM OS PEÕES DA FAZENDA "RIO NEGRO" 1990.

COM SEUS IRMÃOS OSCAR E BEATRIZ.